U0603506

读史资治

历史中的领导智慧

·典藏版·

王永昌 编著

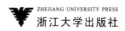

ZHEJIANG UNIVERSITY PRESS
浙江大学出版社

图书在版编目(CIP)数据

读史资治:历史中的领导智慧:典藏版 / 王永昌
编著. —杭州:浙江大学出版社,2021.3(2022.3重印)
ISBN 978-7-308-21072-0

Ⅰ.①读… Ⅱ.①王… Ⅲ.①领导学－通俗读物
Ⅳ.①C933-49

中国版本图书馆 CIP 数据核字(2021)第 027160 号

读史资治——历史中的领导智慧(典藏版)

王永昌　编著

责任编辑	蔡　帆　宋旭华
责任校对	张振华　杨利军　黄梦瑶
封面设计	周　灵
出版发行	浙江大学出版社
	(杭州市天目山路 148 号　邮政编码 310007)
	(网址:http://www.zjupress.com)
排　　版	浙江时代出版服务有限公司
印　　刷	杭州宏雅印刷有限公司
开　　本	880mm×1230mm　1/32
印　　张	8.75
字　　数	162 千
版 印 次	2021 年 3 月第 1 版　2022 年 3 月第 3 次印刷
书　　号	ISBN 978-7-308-21072-0
定　　价	68.00 元

浙江大学出版社市场运营中心联系方式:(0571)88925591;http://zjdxcbs@tmall.com

序

　　中国是个历史悠久、文化积淀深厚的文明古国。在这片古老而又年轻的土地上，孕育了无数领导人物和杰出英才。他们或叱咤风云，独领风骚，开历史新局，或发明创造，开宗立派，引文明潮流，在中华民族连绵不绝的历史长河中，演出了一幕幕气壮山河、惊天动地的人间话剧。

　　领导人物的成长和作用的发挥，是需要舞台的。辽阔的中华大地和悠久的中华文化，是中国历代领导人物成长的深厚土壤，而领导人物的文韬武略和实践创造，又极大地推动着中华民族的繁荣进步。中国历代杰出领导人物们的聪明才智，是中华民族灿烂的文化瑰宝，是中华儿女取之不竭的智慧源泉。

　　《读史资治：历史中的领导智慧》精选汇集了我国历史上许多杰出领导人物为人处世的智慧故事。书稿最早是我在中国人民大学攻读博士学位期间，根据日文版的《中国领袖的魅力》和中国历史典故方面的史料,编译整理而成的。后来曾以《历史的博弈》为题出版,反映尚好。此次以《读史资治:历史中的领导智慧》出版,也许对今天的年轻人了解中国历史和中国文化,是有裨益的。

谢谢为本书出版付出心血的朋友们!

王永昌

2020 年元旦

目　录

导言　中国领导人物的特点

中国领导人物的谋略至今仍为世人所瞩目

我们中华民族有着悠久的历史和灿烂的文化,不但以勤劳勇敢著称于世,而且也以足智多谋闻名于世。

运筹于帷幄之中,决胜于千里之外。

虽然每个民族都有自己的历史和文化遗产,但在我们民族的历史和文化遗产中,关于治国安邦、强国富民、计谋韬略的遗产,是尤为丰富多彩、引人注目的。这些遗产不仅为我国领导人物所重视,也为国外领导人物所关注;不仅古人从中大长见识,受益不浅,而且今人也从中获得丰富养料,深受教益。像《孙子兵法》《六韬》《三略》《贞观政要》等谋略著作,不但在中国有千百万读者,而且也风靡世界,在海外有大批爱好者，人们从中寻求智慧的源泉，获取战胜对手、治国安民的计策和艺术。

当今世界，科技高度发达，社会的商业化色彩很浓，国际上的政治、经济、军事、外交、科技、文化的战略斗争，丝毫不比古代少，处处都要斗智、斗胆、斗计、斗谋、斗技。再说，商场如战场，企业间的竞争犹如打仗一样，其他领域、其他方面的竞争也大多如此。每个人都生活在复杂的社会里，人们要想生活得自在一些，掌握更多的主动权，就需要有一种明智的战略眼光、娴熟的斗争艺术，以应付生活中出现的各种情况，包括难以预料的险境。

正因为如此，当代各国的许多国家元首、政府首脑、军事领导以及企业家、经营家、知名贤者，大多对《孙子兵法》《贞观政要》推崇备至，对中国历代杰出领导人物的智谋、胆识和为人处世的高超艺术颇为赞赏。

在中国这片古老而广阔的土地上，孕育出了一批批杰出的领导人物，他们用自己的智慧和艺术，演绎了一幕幕波澜壮阔、威武雄壮的伟大传奇，创造了一桩桩惊天动地、可歌可泣的辉煌业绩，留下了一幅幅绚丽夺目、令人神往的智谋画卷。

中国杰出领导人物聪明睿智的谋略，仁义礼智的伦理，治国理政的才干，灵活机动的策略，高超精明的手法……都是我们十分宝贵的文化遗产。

中国杰出领导人物令世人赞叹的无穷魅力,是我们中国人的骄傲,我们应该大加继承和弘扬。

斯人已去,但魅力尚存。

数风流人物,还看今朝。

中国领导人物广阔的活动舞台

中国领导人物的特点和魅力不是凭空产生的,当然也不是天生的,它们首先是同哺育领导人物自己的辽阔疆土紧紧联结在一起的。

古往今来,任何一个国家、民族的领导人物都离不开自己的活动舞台,都只能在一定的空间环境里锻炼成长,进而形成自己独特的性格和魅力。

在漫长的历史进程中,尽管各种政治力量争雄天下,中国分分合合的格局循环往复,但是,中华民族、中华文化是一脉相承,是割不断、分不掉的,而且自从秦始皇统一中国以来,中国基本上是保持统一的。中国幅员之广,疆土之阔,各地差别之大,势态之异,实为别的国家和民族所少见。

幅员辽阔的疆土虽然并不一定能使生活在其怀抱中的每一个人都成为德才兼备、大智大勇的杰出领导人物,但它的确像源源不断的乳汁哺育了一代代领导人物,为杰出领导人物的成长和聪明才智的施展提供了广阔的活动舞台。例如,广阔无比的疆土,必然要求欲取天下的领导人物有大志向,以天下为己任;必须有雄才大略,善于把握全局和大势,从长计议;必须有战胜艰难困苦、不屈不挠的坚强毅力;必须有灵活机动、运筹帷幄的战略眼光;必须见多识广,能经受创业风雨的洗礼;必须知人善用,能吸引、团结和使用各种将才谋士为其效力;等等。如此广阔的国土,要争霸天下,开创伟业,治国安民,非经过种种考验、种种困难不可,而且往往要几经浮沉,才能在困苦中崛起,在失败中胜利,历经血与火的磨砺,方显英雄本色。倘若在"小国寡民"里争霸"天下",也许只用几天、几个月的时间,或者只需经过一两场战争,就可以使胜败成定局,而在中国,当年项羽和刘邦争夺天下的"楚汉之战",却花费了三年有余的时间。由于斗争舞台的广阔,他们不得不进行长期的、持久的、残酷的斗争,不得不在各个领域、各个场合斗智斗勇。

因此,我们中华民族国土的广阔性,决定了中国杰出领导人物的许多独特的风格和魅力,塑造了一代代与我们泱泱大国相匹配的"贤君能臣""将帅之才"。

中国领导人物成长的文化传统

　　中华民族是世界文明发展史上最古老、最优秀的民族之一，中华民族的优秀文化不但源远流长，而且影响广泛。中国作为世界重要的文明发源地之一，为人类历史的文明和进步作出了自己杰出的贡献，直至今天，中国的传统文化仍为世人所赞叹和向往。

　　中国悠久而博大精深的传统文化，同中国杰出领导人物的成长同样有着千丝万缕的联系。显然，一个民族和国家领导人物的谋略、风格、行为特点以及思维方式，都是同自己民族的文化传统和民族风格相联系的。换句话说，一个民族的文化传统是领导人物成长的文化背景，是领导人物成长的一个基本条件；而欲成为领导人物和领导人物之所以是自己民族和国家的领导人物，总是与他们这样那样地学习自己民族的传统文化，从传统文化中吸收营养，用自己民族的优秀思想文化来武装自己、丰富自己和提高自己密切相关。很难想象，一个人不学习、不吸取自己民族的优秀思想文化传统却能成为杰出的领导人物。

　　中国古代的思想文化传统是一座取之不尽、用之不竭的宝库，它为中国历代杰出政治家、思想家、军事家、文学家、哲学家、外交家和谋略家的成长，提供着源源不断的智慧。在我们中华民族的优秀传统文化中，关于治国安邦、伦理道德、文韬武略、兵法计谋、修身用人的思想十分引人注目。同西方传统文化不同，中国的传统文化特别关注如何为人处世的问题。因此，中国传统文化中关于治国安邦、兵法谋略的文化就特别丰富和发达，这是世界上其他民族和国家所无法比拟的。正如18世纪法国启蒙思想家伏尔泰所说，中国"是世界上最古老的民族，它在伦理道德和治国理政方面，堪称首屈一指"。

丰富而悠久的传统文化，为中国历史上杰出领导人物的成长和性格塑造提供了得天独厚的思想文化条件，同时也产生了积极而广泛的影响。比如说，中国杰出领导人物绝大多数都有良好的文化素养，见多识广，视野开阔，能文能武，大智大勇，宽宏大量，有大将风度，尊师敬祖，等等，这些都同中华民族的传统文化有直接关系。

中国领导人物特别讲究治国之道和实行仁政

广阔的国土和悠久的传统文化，使中国成为一个泱泱大国和礼仪之邦，使治国者认识到仅凭感情用事和雕虫小技，或者仅凭几个人和一两次的侥幸是不可能取天下、治天下、保天下的,而必须掌握治国安邦之道,对人民实行仁政,才能取信于天下,使国家长治久安、国富民强。

中国的思想家、谋略家、教育家、军事家和政治家普遍认识到,君主国王、名臣将相虽然手中握有强大的权力,但是仅凭强权并不能取得人心和使天下长治久安。因此,中国领导人物的一个重要特点,就是强调要实行正确的治国之道。他们深谙有道才能兴邦,无道则必然亡国的道理。

正如我国古代著名智者荀子所说:国家是天下最有力的工具,君主处于天下最有权势的地位。用正道去管理国家,国家才能安定繁荣。因此,实行正道才是富国强兵的根本。不以正道治国,势必造成大动乱、大祸害。这样的话,有权还不如无权的好。君主要使天下安定,要做个优秀的领导,必须以正道治国。

为什么帝王将相不能单凭权势治国安邦呢?南宋时曾任吏部侍郎的叶适回答说:权势只能强迫人服从于一时,道义才能令人心服。因此,君主必须以道义使天下诚服,而不是凭借声名地位压制人,以符合道义的方式运用权势,才能使天下长治久安。

中国历代的多数智者贤达认为,只要君主选择好官吏,安抚好民众,就可以治理好国家。这就是说,要任贤爱民,实行仁政。孔子说的人君者何以从政,就是要"尊五美,屏四恶"。"五美"就是"惠而不费""劳而不怨""欲而不贪""泰

而不骄""威而不猛"，这五者就是善政、仁政；"四恶"就是
"不教而杀""不戒视成""慢令致期""出纳之吝"，这四者即
恶政、弊政、暴政。施仁政者兴，行暴政者亡。

当然，实行仁政也不能排斥法治，治国安邦还需要立法
度、正纪纲，法纪明而治世才能成就。还有，实行仁政，也不
是不要武功、武治。

总之，中国英明杰出的领导人物，在争霸天下、治国理
政方面，十分善于用"人和"之道治理天下，强调实行仁政，
使天下人心顺服，讲究信义，主持社会公道，力求至平至公
和大公无私，任贤爱民，修身齐家治国平天下，道之以德，齐
之以礼，人法兼备，文武并用，赏罚并重，以民为本，以德为
主，以信义礼教为上策，认为得此治国安邦之道者，才能功
成名就，才能使社会大安大顺，才能富国强兵，才能争雄天
下、治理天下和保住天下。

中国领导人物十分重视斗争策略和以智取胜

中国不是小国，无论是政治争霸、军事战争还是治国安
邦、柔远怀来，都不是轻而易举的事，而必须从长远、从大局
着眼，必须有长期斗争的准备，也必然要经受各种风波的艰
难考验，各种政治党派力量之间和各个中央地方势力之间，

不但要斗勇,以力胜人,更重要的是斗智,以谋略胜人。

广阔的地域舞台和悠久的传统文化,无疑给中国社会历史的变迁和中国领导人物的风格带来了许多方面的影响,其中最突出的就是中国领导人物特别注重斗争的战略,十分讲究斗争的艺术,即用智谋和技巧来战胜对手,以夺取天下和治理天下。

大凡在中国这一辽阔舞台上能大显身手、功成名就的领导人物,无不注重德才兼备、文武并用,而且特别重视政治战略和以智取胜,即使使用武力也十分强调方略和智取。因为他们深深地认识到,在"东方不亮西方亮""今天失利明天再来""三十年河东三十年河西"的幅员广阔的中国,仅仅使用军事武力虽然能压制某些势力,取胜于一时一地,但武力的效用本身是很有限度的。因此,高明的领导人物绝不单单诉诸军事武力,而总是十分重视制定政治战略和大政方针,确立顺应天时地利人和的长期战略目标和斗争方略。

正如《三国志》中所说:

> 用兵之道,攻心为上,攻城为下;心战为上,兵战为下。

这就是说,攻城和使用武力是下策,攻心才是上策。所谓攻心,就是让对方心悦诚服,使其顺你之意,为你所用。攻心顺利的话,即使不使用武力也能达到预期目的,而且效果更为明显、持久。

　　凡是负有大志的高明领导人物,对这种"攻心之法"总是心领神会,并且运用娴熟。

　　军事兵法如此,取天下治天下更是如此。正如圣人孟子所说:过去桀、纣丧失天下,是由于失去了人民的支持;而失去人民的支持,是由于失去了民心。获得天下有一定的办法,就是获得人民的支持;而获得人民支持也有一定的办法,就是获得民心;要获得民心,就必须实行仁政。管子也说过:政令之所以能推行,在于顺应民心;政令之所以废弛,在于违背民心;单靠刑罚不足以使人民真正害怕,单靠杀戮不足以使人民心悦诚服,而刑重则人心不惧,杀多则人心不服,这样统治者的地位就危险了。由此可知,给予人民什么,就会从人民那里得到什么,这乃是治国的法宝。

　　《孙子兵法》中说:

　　　　百战百胜,非善之善者也;不战而屈人之兵,善之善者也。

所谓不战而屈人之兵,就是不使用武力而取得胜利。为什么说不战而屈人之兵才是最高明的呢?因为,如果使用武力、打仗之后才达到胜利的目的,不管多么善战和获得多大的胜利,自己一方肯定多少也会遭到损失;再说即使一时成功了,也不等于是持久的胜利,而且往往会留有后患。

　　那么,战胜对手和治理天下的上策是什么呢?这就要靠深谋远虑、从长计议、运筹帷幄、审时度势、高瞻远瞩的谋略,要靠"攻心为上"、妙计迭出、灵活多变、出奇制胜的策略。

中国领导人物特别重视招贤纳才和用人之道

在中国传统治国理政的思想文化中,一般地讲,是"人治"观念和做法居于主导地位。同时也由于中国人多地广,无论创业还是守成,治国还是安民,理政还是治军,都相当艰难和繁杂,因此,招贤纳才,收罗有识之士,精于识人用才,广任贤臣良将,便成为历代政治家、思想家和军事家所关注的一个重要问题,也是中国杰出领导人物的重要风格和魅力所在。

明太祖朱元璋视贤才为国宝,他深知无贤才辅佐就不可能得天下、治天下。他说:

> 贤才,国之宝也。古圣王劳于求贤。

例如,殷高宗寻求傅说,周文王访求吕尚。这两个君主并非自身才智不强,但却辛辛苦苦地在工奴屠夫中寻找人才,正是因为他们深知没有贤才,就不能很好地治理天下。鸿鹄能够高飞,是因为有羽翼;蛟龙能够腾跃,是因为有鳞鬣;君主能够治天下,是因为有贤人辅佐。

臣如股肱,资以致治。魏徵曾于贞观十四年(公元640年)上疏说:我听说皇帝好比是头,臣子好比是胳膊和大腿,协调同心，组合成身体。倘若身体有的部分不具备，是不能成为人的。既然如此，那么头虽然处于高位，也一定要借助手足，才能组合成身体；君主虽然圣明，也一定要依靠得力的大臣，才能治理好国家。

大学问家墨子直接把得贤士的多少看作是政治好坏的基本条件，认为执政者、领导人物最重要的职责就是广招贤能之士。他说，国穷民弱、政治混浊、社会不安、人心不定，这是由于执政者不能尊重贤者和任用能者。因此，"国有贤良之士众，则国家之治厚；贤良之士寡，则国家之治薄"。故执政者的最大职责，在于广招贤良之士。

荀子也说过，有造成国家混乱的君主，而没有必定混乱的国家；有能够使国家安定的人，而没有使国家自行安定的法令。法制不能单独起作用，条律不能自动生效；有了善于治国的人，法就存在，没有善于治国的人，法就灭亡。法制是治理国家的开端，贤才是实行法制的保证。有了贤才，法虽简略，也能通行天下；没有贤才，法虽完备，施行颠倒，也会造成混乱。所以明智的君主总是急于得到治国的贤才，而昏庸的君主却总是急于得到权势。急于得到治国贤才的君主，能轻松地把国家治理好，政绩卓著而声名远扬，进可以统一天下，退可以称霸诸侯；不急于求贤而急于求得权势的君主，不仅自身劳苦，而且会造成国家的混乱，功业废弛而声名扫地，国家最终会陷入危亡。

中国历代优秀的战略家、谋略家、军事家、政治家尤其是名垂青史的明君贤相,都深深懂得人才的重要性,很讲究用人之道,并在识才、育才、选才、量才、待才和用才方面留下了丰富的思想资源和广为流传的生动故事。可以说,讲究用人之道是构成中国杰出领导人物魅力的重要方面。从一定意义上讲,领导之所以是领导、领导人物之所以有威信指挥千军万马,就在于他身边有各种各样的人才,就在于他会识人才、爱人才和用人才。

中国领导人物有容天下之量

中国辽阔的国土和优秀的传统文化以及争夺天下的长期性和艰难性,不仅培养了中国领导人物长远的战略眼光、以攻心为上的谋略和斗争艺术,以及对用人之道的重视,而且对杰出领导人物的个人性格、风度和气量的塑造也产生了重大影响。

中国历史上的帝王将相并不都足智多谋,有雄才大略和宽广胸怀,但是,大凡得天下或者治理天下功业显著的杰出领导人物,一般都是胸怀宽广、豁达大度、很有气量的人。

俗话说,宰相肚里能撑船。如若容不得各种各样的贤良人士,容不得各种错综复杂的事体,经不起各种曲折的考验,吃不得一点逆境的打击之苦,心胸狭窄,鼠目寸光,患得患失,当然也就不可能把周围的人团结起来共同奋斗,不可能有凝聚力和让人信服的风度和魅力,因而也就不可能成为有所作为的领导人物,更不可能取天下、治天下了。

那么,中国领导人物的气量表现在哪些方面呢?

首先,以天下为己任,考虑问题,处理事情,立志立业,都以社会、国家利益为重,而不只为谋取个人私利和一家之利。此乃心胸宽广、气量宏大的根本。

其次,有长远的政治和军事战略,不以一两次得失论成败,胜不骄、败不馁,有坚强的斗争意志。

第三,能团结和使用各种各样的人才,甚至能尊重和使用反对过自己的人才。

第四,能听得进各种不同的意见,包括反对自己的意见。

第五,严于律己,宽以待人,谦虚厚道,勇于自我批评和改正自己的过失。

第六,吃得苦中苦。俗话说,不受苦中苦,难做人上人。反之,只有吃得苦中苦,方能在逆境中成长。在艰苦逆境的磨难中成长起来的领导人物,气量一般都比较大。

中国历史上的一代杰出领导人物朱元璋,曾经给自己的劲敌扩廓帖木儿(汉名王保保)写过一封信,信中讲到成大事者必有大容量。他说:自古以来,有匡救天下之志者,必须有容天下的气量,如此才能建立安定天下的功业。倘若心胸狭隘，目光短浅，气量狭小，是无论如何也不能建立安定天下之功业的。

这就叫"有容乃大"。有没有气量正是君子和小人的重要区别，也是能不能建立功业的基本前提。

中国领导人物注重个人修养

重视个人的修身养性，是中国领导人物的重要魅力和特点之一。重视执政者的自身修养，也是我们中国传统治国思想的一个特点。说起来，这同我们中国历来重视儒家文化、重视德化礼仪以及泱泱大国的国情和创业治天下之艰难有关系。因为，在我们中国，要想干一番大事业，尤其是治理天下，没有良好的个人素养、品性和风格，是不可能成功的；即使出于种种原因而当上"一国之主"，也会徒具虚名或葬送江山，甚至连自己的性命也保不住。

为什么成大事业者要重视个人修养，否则不足以成大事、任大职？孔子说：

> 政者，正也。君为正，则百姓从政矣。

君主端正自己，百姓也就服从于政令了。君主怎么做，百姓就跟着怎么做，君主不做，叫百姓怎么跟着做呢？孟子也说，准备担当重任的人必须自觉地磨炼自己，加强自身的修养,否则就难以担大任、任大职。

在中国,有一个根深蒂固、世代相传的观念,就是:

修身、齐家、治国、平天下。

它揭示了一个千真万确的道理:凡要治理天下就要从修身开始。正所谓:"一屋不扫,何以扫天下?"自身修养不行,怎么能治国呢? 所以《大学》阐述:凡是要在天下发扬明德的人,首先要治理好自己的国家;要治理好自己的国家,首先要整顿好自己的家族;要整顿好自己的家族,首先就要修养自身;要修养自身,首先就要端正自己的心;要端正自己的心,首先就要有诚意;要有诚意,首先就要扩充自己的知识;要扩充知识,首先就要探索事物的道理。明白了事物的道理,知识才能充实;知识充实了,心意才能真诚;心意真诚了,心思才能端正;心思端正了,才能修身;自身修养好了,家族才能整顿好;家族整顿好了,国家才能治理好;国家治理好了,天下才能太平。

被誉为一代英主的唐太宗,就深深懂得"身正而国治"的道理。贞观初年,太宗曾对左右大臣说:

为君之道,必须先存百姓。……若安天下,必须先正其身。未有身正而影曲,上治而下乱者。

他说,每每想到这里,我就不敢纵情享乐,尽力使自己言行检点。谏议大夫魏徵马上接着说:"古代圣明的君主,也都是从自身修养做起的，所以他们能推及一切事物。从前楚王礼聘詹何，向他询问治国的根本方法。詹何用修身之术来回答。楚王又问如何治国。詹何说：'没有听说过自身修养好了而国家混乱的。'陛下领会到的道理，确实符合古人的经验。"

那么，中国领导人物主要在哪些方面加强自身修养呢？

一是从维护统治阶级和家族的长远利益出发，主张执政者应有公而忘私的美德，认为有道之君之所以能治理好国家，之所以能取天下，在于能以民为本，取信于民，在于"不私其身，处天下以至公"。康熙皇帝曾说："事君者果能以公胜私，于治天下何难？"

二是使自己成为能文能武、智勇双全的人物，做到文能治国，武能安邦。所以中国历代杰出领导人物绝大多数都文武兼备。

三是强调君主应具备仁义、孝悌、忠信、礼让、廉洁、节俭、勤劳、明察的品德，而做臣子的要做圣臣、良臣、忠臣、智臣、贞臣、直臣。

四是推崇骨气、气节。正如孔子所说："三军可夺帅也，匹夫不可夺志也。"孟子则把"富贵不能淫，贫贱不能移，威武不能屈"作为大丈夫应有的品格。

五是强调要有大的气量。因为，自古有匡天下之志者，必有容天下之量，而后能成安天下之功。司马光指出，政治家的事业不是一个人可以独立承担和完成的,"天下之事,未尝不败于专而成于共",不学会团结尽可能多的人共事,不善于广泛听取不同意见,必将一事无成。

六是强调先苦后甜,在艰难困苦中磨炼意志,增强才干;强调勤奋好学,勤政为民;强调率先垂范;强调自尊自重,自主自强;等等。

当然,我们上述论及的中国领导人物的特点和魅力,主要是从正面意义上讲的。换句话说,我们讲的是中国历史上那些英明杰出的领导人物的特点和长处,至于那些暴君、昏君、奸臣和小人之辈,自然不在此列了。

第一章　以天下为己任

儒家经典之一的《礼记》说：

> 君子乐得其道，小人乐得其欲。

想要成就大事业者和身为社会楷模的大人物，可谓正人君子，而身为正人君子，总是以建立万民同乐的理想社会为己任的；而凡是斤斤计较、患得患失、整日蝇营狗苟的小人物，往往是以获得眼前利益为乐趣的。

三国时期著名的政治家、谋略家诸葛亮认为，君子只有不受蝇头小利的诱惑，才能有远大的志向。他说：

> 夫君子之行，静以修身，俭以养德，非淡泊无以明志，非宁静无以致远。

孔子的学生曾子认为，士人应以施行仁政于天下为己任，所以他说，读书的人和为人君臣者，应该刚强而坚毅，因为他们的责任重大，道路遥远。以施行仁政于天下为己任，这责任不能不说重大;至死方休,这道路不能不说遥远。

领导人物非凡夫俗子,一般总要以事业为重,以国家利益为先,不执着于一时一地之得失。"大凡人臣事君之道,公而忘私","事君者果能以公胜私,于治天下何难?若挟其私心,则天下必不能治",这是康熙皇帝说过的话。

姜太公说:"天下并非君王一人所有,而是天下人所共有。"所以只有将天下之利分享给天下万民者,才能得到天下,而想独占天下之利者,则会失去天下。

这些话尽管是为帮助君王夺取、治理天下而说的,或者是为统治者维护既得利益而献的谋略,但却道出了一个普遍规律:与民分享天下之利,勤政亲民、公而忘私、先人后己的领导人物,才能获得万民拥戴和赞誉,从而得到天下,治理万民;如果为君者想独占一切权益,专政独裁,为所欲为,横征暴敛,自私自利,必然要失去天下,葬送事业,为万民所抛弃。

予而勿夺

《韩非子》记载着这样一个令人深思的故事。

有一次,齐景公和手下官员晏子外出游玩,他们登上柏寝台,一边望着齐国的景色风光,一边议论着齐国大事。

齐景公问道："国家现在实在太壮美了，以后谁能够维持这个国家呢？"

晏子回答说："可能是田成氏！"

景公大吃一惊，有点不悦，而后问明理由。晏子回答说："田成氏确实有能力掌握齐国人民的心，他向君王要求给大臣加爵禄并施与恩情。借给人民小米时用大斗量，而在人民归还时却用小斗量，施予人民以恩惠。杀牛时他自己只取一盘肉，其余皆分给家臣了。同时，经常注意市场物价，使物品价格不比产地贵。主公您重收夺轻施予，而田成氏却厚施于民。齐国遭受饥荒时，路边饿死的人数不胜数，可是在田成氏管理的地方，人们却乐意去找田成氏帮忙，所以很少有饿死的人。因此，周围的人都很崇拜田成氏，恩及广远，大家都想到他所管理的地方去生活。田成氏的仁德广受人民的颂扬，所以我认为将来的天下可能要为田成氏所有了。"

景公几乎流出了眼泪，然后问道："这实在令人悲哀，我的天下将被田成氏夺取，我该怎么办才好呢？"

晏子劝他说："请您别担心，如果您想要把这些夺回来的话，那就要接近贤士，远离奸佞，治乱世，轻刑法，救贫济穷，怜恤孤寡，把恩惠施予不足者，这样一来，人民必然会对您心悦诚服，田成氏便无法夺取您的江山了。"

可是，后来齐景公并没有多施予少夺取，田成氏势力越发壮大,最终夺取了齐国江山。

由此可见,领导人对人民、对他人应该多施恩惠而少夺取。一个单位的领导多为手下的人着想,一个企业和公司多为顾客服务,而不唯利是图,就能为手下和顾客所信任和赞誉,这样的单位和公司就能生机勃勃,兴旺发达。治理国家也是这样,使民乐而不使民苦,使民喜而不使民怒,使民事业有所成就而不加以破坏,多利民而不害民,多给予而少夺取,国家才能繁荣安定,领导才能得到人民的拥护,天下才能长治久安。

"予而勿夺"的道理,是很值得想在事业上有所成就的人深思的。

蔺相如、寇恂不记私仇

战国时期,赵国的蔺相如因在与秦国的交涉中大涨赵国威风而立了大功,被赵王拜为上卿,位置排在名将廉颇之上。

廉颇自恃战功卓著,对蔺相如只凭口舌之劳而官位居然在他之上很不服气,于是就对人说:"我遇到蔺相如,一定要侮辱他一番。"相如听说后,就常常故意不同廉颇碰面。每当要参加早朝,他就说自己有病不能去,以免与廉颇争席位的左右而发生不快,误了朝廷大事。有一次,相如出门,远远望见廉颇来了,马上让车夫躲避开去。于是他手下的门客们都不高兴,认为他太软弱可欺,连手下也蒙羞受耻,有些人就想离开。相如一再劝阻他们。他对门客发问:"你们看廉颇比得上秦王吗?"门客们回答:"不如秦王。"相如又说:"秦王那样威风,我也敢在朝廷中斥责他,羞辱他的群臣。我虽然很愚笨,难道偏偏害怕廉颇将军吗?我考虑的是,强大的秦国之所以不敢侵犯赵国,只因为有我和廉颇在。如果我们两虎相斗,那就必有一死。我之所以这样做,是以国家安危为重,将个人私仇、得失放在一边。"

廉颇后来听到了相如的这些话,感到十分惭愧,于是解衣露体,背负荆条,由门客引到相如家里请罪。从此以后,他们两个结为刎颈之交,誓同生死,共同为国效力。

光武帝刘秀复兴汉室时,两个功臣贾复和寇恂间也同样有类似的故事。一次,贾复的部将在颍川杀了人,当时寇恂正好任颍川太守,就将贾复的部将逮捕并处死刑。贾复以为这有辱他的尊严和威信。后来一次带兵经过颍川时,他对手下的人说:"见到寇恂一定要将他杀死。"

寇恂知道这个预谋后,就不准备与贾复相见。寇恂的外甥请求带宝剑在他的身旁护卫伺候,以防不测。寇恂说:"不需要这样。以前蔺相如不怕秦王,却让着廉颇,是为国家着想。我难道还比不上他?"于是就命令所属各县都要盛情接待贾复军队的将士，为贾复军队每个人准备两人份的酒、饭。贾复带军队到来，寇恂先出门到路上相迎，而后说自己有病先回去了。贾复集中人马想追赶他，无奈手下将士个个都喝醉了，吃得太饱，动弹不得。后来，寇恂派人将此事报告给光武帝，光武帝很快会见贾复和寇恂，让他们重新结为朋友，摒弃前嫌，尽心功业，为国效力。

孙膑"发疯"胜庞涓

俗话说，小不忍则乱大谋。大凡杰出的领导人物、将帅能人，会从国家利益、长远利益着眼，能够忍受眼前之苦，甚至一时的人身耻辱。

在战国时期，有位杰出的军事家孙膑，齐国人，是孙子的后代。他青年时就外出游学，拜名人贤士为师，决心成为有名的军事家、谋略家。

历经曲折，孙膑到深山里拜十分有名的谋略家鬼谷子先生为师，勤奋好学，刻苦钻研兵书战策。鬼谷子是位隐士，却擅长军事和谋略，学生中出了不少名人。鬼谷子把《孙子兵法》十三篇传授给孙膑，不到三天，他就能背诵，对答如流，且有不少新的见解。鬼谷子十分惊喜地说："这下好了，孙子后继有人了。"

孙膑

后来，庞涓到魏国当上了将军，并把孙膑也请到了魏国。不久，孙膑被魏惠王择为客卿，庞涓十分妒忌。他知道自己的才能远不及孙膑，怕日后自己不是孙膑的对手，于是起了谋害之心，并想出了一个诡计。

其时，齐、魏争霸，两国不和。庞涓便借此在魏惠王面前说孙膑的坏话，诬孙膑将离魏事齐，里通外国；孙膑如若事齐，因为他已尽知魏的底细，势必对魏十分不利。同时庞涓还用卑鄙手段伪造了孙膑通齐的书信，呈给魏惠王。惠王不辨真假，就将孙膑投入牢狱。庞涓又私自用刑，剔去孙膑的双膝盖骨，使他不能走动，还用针在孙膑的脸上刺了大字，用墨涂抹，想使他羞于见世，从而埋没自己的本领。

庞涓如此加害孙膑，但还担心他逃走，于是派人加以严密监视。孙膑虽然知道庞涓心胸狭隘,待人尖刻,但没有想到他竟嫉贤到如此地步。想当年两位师兄弟还曾有过约定,日后各自一旦得志,互不相忘呢。孙膑见今日落到如此地步,暗自发誓,此仇非报不可。但眼前身陷囹圄,一时无法逃脱。再说,君子报仇十年不晚,此事只能从长计议。

有一天,孙膑忽然想到兵法上"兵不厌诈"的谋略,不妨以身相试,也许还有逃脱魔掌的希望。不久,孙膑就装起疯来。只见他披头散发,痰涎满面,口水不断,时哭时笑,目光呆滞,常瞪眼仰天嚎叫。

有人把孙膑"发疯"的事告诉了庞涓。刚开始庞涓不信,就亲临牢房察看,孙膑更是"疯性"大发,且表演得惟妙惟肖。庞涓仍然半信半疑,便让人拿来粪便,孙膑食之不拒。庞涓这时才相信孙膑确已疯了,大为高兴。这样,对孙膑的监视才稍有放松,并允许孙膑在牢外活动。

一天,孙膑得知齐国派使者到了魏国,便在大雨滂沱之际,乘人不备,爬行到齐使的住所,诉其苦楚,求齐使设法救他出城。齐使闻知孙膑之冤,又知孙膑精通兵法、有智有谋,怜惜他是难得的人才,几经计议后,将孙膑藏于车座之内,暗载回齐。

后来,孙膑成为齐威王的军师,并在齐魏交战中设计置庞涓于死地,报了自己的深仇大恨,也为齐国称霸中原立下了汗马功劳。

韩信的胯下之辱

韩信是帮助刘邦打天下、赫赫有名的大将军,但他年轻时只是个潦倒的穷汉。不过,他很早就立志要干一番大事业,所以不太计较一时的名利得失。

有一天,韩信正在街上走,一个无法无天的少年突然拦住他的去路,并嬉笑地说:"你经常背着宝剑,个头也长得高大,其实也许是个窝囊废吧。你敢杀我吗? 如果不敢,就从我胯下面爬过去。"韩信二话没说,就从这无赖少年的两腿之间爬了过去,惹得满街围观的人大笑起来。

韩信

后来,韩信帮助刘邦打天下,当了大将军,特地把那个少年招来,不但不杀他,反而赐给了他一个"中尉"的小官,并夸他是个勇敢的人。

许多人觉得不可思议,韩信却说,我当年完全可以杀死这个凌辱自己的少年,但是,杀人是要偿命的。如果杀了他,自己的满腹文韬武略便不能施展了,更谈不上日后当大将。再说,忍受暂时的胯下之辱本身也是一种勇敢的表现啊。

人们又问:"为什么要赐官给他?"韩信说:"这是为了让天下人看见,我对以前这样侮辱自己的人还如此宽大为怀,既往不咎,赐给官职,与那些过去和我有矛盾的人不就更能冰释前嫌了吗?"

刘邦忍辱救父

人生的道路是不会一直平坦的,政治家和领导人物的道路尤其曲折,在他们为实现自己的宏大事业而奋斗的过程中,往往要付出极大的代价和牺牲,有时是妻离子散,甚至是亲人的生命。如果领导人物遇到需要付出自己亲人生命的代价的情况时,就把"感情"放在第一位,而不以国家和事业为重,那就很难实现自己的宏大理想和目标,奋斗的事业也就半途而废。

刘邦在自己亲生父亲或生或死的关头,果断地选择了以大局、事业为重。在楚汉之战中,一次,刘邦和项羽对阵于广武山。但刘邦据险固守,避而不迎战。项羽要战战不成,要退退不得,双方居然相持了数个月。后来,楚军粮食眼看慢慢接济不上了,项羽日益心急起来。

有一天,项羽突然想起刘邦的父亲刘太公长期被扣留在自己的军中,于是决定利用刘邦父亲这个重要人质来对付刘邦,想迫使刘邦投降。

汉高祖刘邦

于是,项羽命令部下把刘太公架在一个大大的肉案上,并送到阵地前沿。项羽隔着河对刘邦喊道:"你要是再不投降,我就要把你父亲活活煮死了!"项羽满以为这一招很厉害,可刘邦就是不投降。在救父亲还是救自己的事业的命运问题上,刘邦当然是面临着痛苦的选择。但最终刘邦果断地选择了以大业为重,同时又将计就计,设法营救自己的父亲。刘邦清楚地知道,此时此刻如果对自己父亲的遭遇表现出怜悯痛苦之情,反而中了项羽的奸计,而且在关键时表现出忧虑不安的情形,在自己部下面前就有失干大事业的领导风范。于是,刘邦装出无所谓的样子,不慌不忙地回答说:"当初我和你曾结为兄弟,我的父亲就是你的父亲,如果你一定要煮死你的父亲,别忘了分给我一杯羹!"

刘邦的这一答复,倒使得项羽难以收场了。再说这样做毕竟过于无情无义,效果可能会适得其反。于是,项羽在其叔项伯的劝阻下,只得把刘太公又押回军营,着实输了刘邦一招。

张良奇遇一老翁

骄横无理之徒和在小事上斤斤计较的人很难担大任,成大事,更不可能成为英雄的领导人物。

大家知道,"运筹策帷帐之中,决胜于千里之外",这是汉高祖刘邦对他的功臣张良的赞辞。

不过,张良年轻时如果骄横无理、不忍小辱的话,也许这一辈子也成不了气候,更别说出人头地了。

据说张良年轻时雄心勃勃,曾设计刺杀暴君秦始皇,失败后,为躲避官府通缉,潜藏在下邳(今江苏邳州)。

有一天,张良闲游至一座石桥上,遇见一位怪老翁。那位老翁见张良走过来,便故意将鞋坠落到桥下,然后要张良下桥去捡。刚开始张良有些不太高兴,但见这老翁衰老的模样,心生怜悯,便下桥去拾。待张良帮老翁把鞋捡上来交给他时,老翁好像是故意刁难他,又让他帮着穿上。张良一想,鞋都捡来了,穿上就穿上吧,便跪下帮老翁穿上了鞋。

于是,老翁笑眯眯地走了,临走时留下了一句话:"小子可教矣! 五天后黎明时分在这里等我。"

张良是个聪明的人,听了这话,结合老翁的一举一动,便敏感地觉得这位老翁定非一般人。

张良

五天后的那天天刚亮,张良便按约来到桥上。不料老翁早已在那儿等他了,见张良姗姗来迟,便怒斥道:"跟老人约会迟到，岂有此理。过五天再早些来。"然后便离开了。

张良只好五天后再去。那天鸡刚打鸣，张良便急匆匆地赶到了桥上，可是一看，老翁来得还是比他早。这回老翁更不高兴了，只是重复了一遍上次说的话，就拂袖而去。这下张良急坏了，但也无可奈何。过了五天，他索性觉也不睡，在午夜之前便到桥上等待老翁。一会儿，老翁也来了，见张良已在，便点头称是，并从袖中拿出一本书，颇为神秘地说："你熟读了这本王者之书，就可以做帝王的老师了。十年之后，兵事将起，你可用此书兴邦立国。十三年后，你到济北，可以与我重逢，谷城山下的那块黄石，便是我的化身。"

老翁言罢便飘然而去。天一亮，张良打开书一看，原来是太公望兵书。张良大喜，从此便认真研读黄石老翁授给他的这部兵书，后来真的当上了汉高祖刘邦的高级智谋大臣。

且不说张良的这个故事是真是假，但有一点是可以肯定的，领导人物应有大将风度，有时还要忍辱负重，以国家和长远利益为重。如果当时张良心胸狭隘，骄傲浮躁，不重礼让，容不得老翁的一番"刁难"，恐怕就得不到老翁的兵法宝书，也就可能错失良机，不能脱颖而出，当上刘邦的重臣了。

敢触怒皇帝的古弼

北魏太武帝曾到黄河以西围猎,大臣古弼留守京都平城。太武帝命令古弼预备一些肥壮的马匹给狩猎的骑士用,但古弼却故意给他们准备了一些瘦弱的马。

太武帝知道后大发雷霆,骂道:"这个尖头(古弼的头形很尖)奴才,对我的话也敢打折扣,回到京城后我要先斩了他!"

当时古弼手下的人听到这一消息后,都惶惶不可终日。但古弼却显得十分镇静沉着,他对部下说:"侍候君王的人,使君王在游戏玩乐时有点不愉快,这只是小罪一桩;但如果不做好抗击外来敌人入侵的准备,他的罪过可就大了。现在我国北边和南边的敌人,都千方百计想侵略我国的疆土,这是我非常忧虑的事情。我挑选肥壮的马来充实军队,而选些瘦弱的马给皇上狩猎用,只是为了有利于国家,这样做就是死了又有什么可惜的? 圣明的君主自然会正确对待这件事。如果有罪的话,我一个人承担,你们没什么罪过!"

太武帝得知古弼的这些话,非常感慨地说:"这样的大臣,真是国家的宝贵财富呀!"事后,太武帝不但没有问罪于古弼,反而赐给他一套衣服、两匹马、十头鹿。

宁侮身而不辱国的范仲淹

范仲淹在中国历史上是个有名的人物,当过陕西经略副使,又善诗文,他的《岳阳楼记》中"先天下之忧而忧,后天下之乐而乐"的名句,传诵千古。

范仲淹

范仲淹在延州做官的时候,根据当时的形势,从国家利益出发,主动写信劝说西夏首领元昊,后来由于宋朝战事失利,元昊回信很不礼貌,甚至侮辱宋朝朝廷。范仲淹把元昊的回信当众烧毁了,没让皇上知道。

朝中大臣吕夷简得知此事后说:"地方官没有权力直接与外国打交道,范仲淹怎么敢自作主张这样做(通信、烧信)

呢?"宋庠更是上表说范仲淹应该被斩首。

范仲淹向皇上申辩说:"我起初听说西夏首领元昊有悔过的表示,所以才写信诱导他。可是正赶上任福将军打了败仗,西夏的气焰就更加嚣张起来,所以他的回信才很不礼貌。如果朝廷见到他的无理,可是又不能惩罚他,那就有辱于朝廷了;而如果朝廷根本就不知道有这件事,那么受辱的只有我自身。所以我才把书信烧毁了。"

皇上听了他的辩护,加上当时的枢密院副使杜衍也竭力为范仲淹说好话,于是没有问范仲淹的罪,反而把宋庠贬为扬州知州。

李泌出于公心保韩滉

韩滉是地方上的一个大官,他治理有方,名声很大。于是有人议论,说韩滉聚兵修筑石头城,是暗地积蓄自己的力量,恐怕有不轨之谋。

皇帝知道后也怀疑起来了,就问身边的大臣李泌如何看待此事。李泌回答说:"韩滉忠诚清廉,自从您避难奉天以来,他贡献不断,坐镇安抚江东十五个州,从此盗贼销声匿迹,这是韩滉威力所致。据我所知,他修石头城是因为考虑到中原一带动荡不安,认为皇上将来迟早会有江东之行,在为您做好准备,这是做大臣的一片赤诚之心,怎么反被认为是罪过呢?韩公为人刚强严厉,不依附权贵势力,所以总遭诽谤、诋毁,望皇上细细考察,我敢保证他别无他谋。"

皇帝说:"别人议论其势滔滔,告他的奏折如麻一样多,你没听说吗?"

李泌坦然地回答:"我早就听到了,不仅如此,他的儿子身为考功员外郎,现在却连回乡探亲也不敢,就因为流言蜚语太多,不能不避嫌。韩滉用心良苦,我深知他的为人,我愿上奏章,表明他无二心,还想请皇上把我的奏章宣示给中书省,在朝廷官员中公开传阅,使朝中大臣们都知道。"

皇帝严肃地说:"我正打算重用你,你怎么能轻易地担保一个人!你还是谨慎一些为好,不要违背多数人的意愿,不然恐怕你也会受牵连的,还是三思而行吧。"

李泌下朝后,还是果断地上了担保韩滉的奏章,请求以自己百口之家来保韩滉。

过了几天,皇上碰到李泌,对他说:"你竟然真的送上奏章!我已把你的奏章留着未发。我知道你和韩公是世交了,但你怎么能不爱惜自己呢?"

李泌一本正经地回答皇上:"我怎么敢因祖护怜惜亲旧而有负于皇上?只因为韩滉实在没有二心。我上奏章也只是为了朝廷,并不是为了自己呀!"

皇帝问:"怎么是为了朝廷好呢?"

李泌回答道："如今国家闹旱灾、蝗灾,关中一带一斗米已涨到一千钱,京城的粮食也已经快耗空了,但江东一带粮食丰收。希望皇上早日下发臣的奏章,使朝臣们的疑虑尽快消失,再批假给韩滉的儿子,命他归乡探望父母,使韩滉感激朝廷,打消疑虑,迅速运来储备粮。这不就是为朝廷好吗?"

皇帝听后说:"你的深意我明白了。"随后即下发李泌的奏章,并命令韩滉的儿子回乡省亲,还当面赠他绯衣一件,让他传话:"关于你父亲的那些流言蜚语,我现在知道是什么原因了,我完全信任他,请你父亲不要有什么顾虑。"然后又说:"现在关中缺粮,你与你父亲要火速运粮。"

韩滉的儿子回家见了父亲,韩滉感激喜悦得涕泪涟涟,当天就亲自到渡口,向朝廷发运大米一百万斛,而且让儿子在家只停留五天就速速回京。儿子与母亲分别时,母子哭声传到屋外,韩滉听到大为光火,怒气冲冲地叫出儿子,将其鞭打了一顿,又亲自到江边,冒着风浪送子启程回京。

很快,其他一些地方官员就知道了韩滉进贡粮食一事,也跟着仿效而行。如一地方大员陈少游也立即进贡大米二十万斛。开始皇上还对李泌说:"韩滉竟然还能感化陈少游,叫他贡米吗?"李泌肯定地说:"岂止少游一人,各州道官员恐怕都将争着进贡大米来了。"

拒受皇帝赐予特权的大臣

唐宪宗十分嘉许敢于直言的大臣崔群,一次命令翰林学士从此以后凡有需要禀奏皇上的事,事先都必须由崔群过目,并由他署上名字,然后才能送交皇上阅示。

崔群却没有因为皇帝授予自己如此重要的特权而高兴,而是从整个国家、朝廷的长远利益着想,觉得这样做今后会产生料想不到的后果,于是他说:"翰林院的做法,都是根据过去的规矩。我也只是尽职而已。如果一定要我先署名才能呈给皇上,今后万一有奸诈阴险、阿谀奉承之小人做了翰林院首席学士,那么下面的批评意见就无法直接送到皇上您那里去了。"

因此,崔群没有接受皇上要他先在奏折上过目、签字的圣旨,谢绝了皇帝赐予他的这一特权。

后来,明代的兵部尚书刘大夏也同崔群一样拒受皇帝赐予的特权。有一次,明孝宗朱祐樘在文华殿里理政,召见兵部尚书刘大夏,告诉他说:"有些不好处理的事情,每想召你进来商议,又因为那不是你管辖的事情而作罢了。这样吧,今后凡有你认为该做的或者不该做的事,你都可以用揭帖直接秘密地送来。"

刘大夏一听,觉得此事不太妥当,恐于朝廷长远利益不利,就回禀皇上:"臣不敢。"皇上问:"为什么呢?"刘大夏回答说:"宪宗朝的李孜省就是鉴戒。"皇上说:"你议论的是国家大事,而李孜省搞的是营私舞弊,以淫邪方术危害朝廷,二者怎么能相提并论呢?"

刘大夏进一步分析道:"下臣用揭帖向皇上进言,朝廷按揭帖所说的话办事,就很容易出现前代卖官鬻爵、贪污腐化、宦官专权之类的事。陛下应当远效古代帝王,近效老祖宗,凡国家大事的是与非,都与大家一起商议、共同裁决。外面的事交给兵部和各府去办理,朝廷中的事向内阁大臣咨询,这样做就可以了。如果采用揭帖密进的方式,时间一长,大家将它视为常规,万一奸佞之人窃居要职,按这种方式办事,其害处不可胜数。这实在是不可以为后世所效法的。因此,臣不敢依顺皇上,执行您的这一旨意。"

皇上听罢,称赞道:"好啊! 好啊!"

刘大夏和崔群两重臣如此为国家、朝廷安危着想,深思远虑,处事泰然,实在是因为他们心中没有一点自私自利之欲,不贪恋权势。这样的人,自然能识大体,办大事,成为大人物。

不为女婿走后门的宰相

王旦是宋真宗时的宰相。依照惯例,他的女婿韩亿将要到边远地方去任职。

王旦的女儿知道此事后,舍不得夫君远离自己,想让父亲说情找后门。王宰相悄悄地告诉她说:"韩郎到外地任职,不过是小事一桩,不要忧虑。"

过了几天,王宰相告诉女儿:"韩郎将到艰苦的洋州做知州。"女儿听了大吃一惊,显得有些不高兴,面露难色。王旦就说:"你回到我家来,不会没有你住的地方。如果我有所求,仗恃我是他的岳父,派人奏请皇上不要将他派到边远地方去,恐怕会影响他将来仕途的迁转。"

韩亿听到这些话,就说:"岳父对我真是厚爱啊!"后来,韩亿做了中书省、枢密院二府的高官。

是的,自爱又爱人者,欲使人使己成大事者,视野宽阔,不会争眼下的小利。

为国而死，正是大吉

春秋时，楚国攻打吴国，吴国却派了沮卫、蹶融两人犒劳楚军。两军对垒，来了使者，不得不防。楚国的将军认为这是吴国在耍什么手段，于是派人把沮卫、蹶融抓了起来，加以审问。

将军问："你们要到这里来的时候，事先有没有卜过卦？"

沮卫、蹶融回答说："卜过了。"

"那卜卦的结果是吉利吗？"

"是的。"

"好吧，现在我要把你们杀掉，将你们的鲜血涂在我的军鼓上，来提高我军的士气，并以你们的血祭祀上天，来预祝我们未来的胜利。这样一来，对你和吴国来说如何是吉卦呢？"

沮卫、蹶融回答道："这就是吉卦的理由呀！不妨告诉将军，吴国派我们做使者，最主要的目的，就是要看到将军现在就动怒，将军发怒，士气是会昂扬起来的。如果将军不发怒，士气就会低沉。不过，同样地，将军如果杀了我，吴国的军队也会发怒，而且会发比楚军更大更持久的怒，士气也就更加高昂，更加坚定地坚守阵地和英勇杀敌。我们卜卦是为了吴国整个国家的安危,并不是为了我们自己。如果我们死了,能保护国家的安全,这不正是大吉大利吗?"

听了这席话,楚国的将军便没有杀沮卫、蹶融。

沮卫、蹶融为国赴难,视死如归,把个人生死置之度外,确有大将风度和气派。同时在关键时刻能保持沉着冷静的头脑,在胆识和谋略方面都高楚国那位将军一筹。他们巧妙地利用了军队将士"发怒"可以激发"士气"的道理,使得楚国将军理亏词穷,权衡得失利弊而不敢轻易杀掉吴国的使臣。作为一个领导者,时时应从国家、集体利益着眼,关键时刻不能只考虑个人私利,同时头脑也要清楚,想问题要全面系统,做决策要因时因地因人,而且要设法激发属下的拼搏斗志和协作精神。

李世民"大义灭亲"

唐高祖李渊与窦皇后育有四个儿子,长子李建成是皇太子,次子李世民被封为秦王,三子李元霸早逝,四子李元吉被封为齐王。

三兄弟中,要算李世民最为能干。李建成与李元吉见秦王李世民的实力和声望日益提高,心里很不是滋味。因此,李建成联合李元吉与李世民对立,且关系日趋恶化。

武德九年（公元 626 年），突厥入侵中原。皇太子李建成借机推荐其弟李元吉，以代替李世民担任总指挥讨伐突厥。太子李建成的真正意图是要把李世民的精锐部队编入李元吉指挥之下，以剥夺李世民的军权，然后再设法除掉李世民。皇帝李渊不察李建成的用意，结果准照李建成奏折。

可是，太子有一位叫王晊的部下，得悉李建成的阴谋后，偷偷地告诉了李世民，把李建成对李元吉说的话如实向李世民转述一番："你现在得到世民的勇将和精兵，拥有数万之部众，我诱世民到昆明池（在长安城外 30 里）为你送行，届时你暗令兵士袭击世民而杀之。然后向父皇禀报说世民因病猝死，皇上当不起疑虑。最后再使人向皇上奏请将国事托付给我。你再将已编入你部属的世民心腹部将全部坑杀。这样，天下就没有人敢与我们二人争权称霸了。"

李世民将李建成的阴谋告诉亲信长孙无忌（李世民娶其妹为妻）。长孙无忌大惊，对李世民说："莫如先下手为强。"李世民面露难色地说："骨肉相残，自古以来罪大恶极。虽然知道祸已临头，可是也要等他们开始行动，然后以义师之名讨伐之，才是上策啊。"

另一部下尉迟敬德对李世民说："就常情而说，哪个人不爱惜生命？可是我们大家都愿意为大王（指李世民）牺牲生命。现在大祸临头，为什么不立即采取行动呢？大王，你如果不重视自己的生命，我们没有话说；但是你身负重责大任,领导邦国,仍请千万以宗庙社稷为重。假使大王不采纳我们的意见,请准我辞归故乡,隐居草泽。现在明知我们会被杀死,怎么能留在这里坐以待毙呢?"

长孙无忌也对李世民说:"如不接纳敬德的谏言,必然遭殃,部属也将自行离散,敬德也将远离大王而去,我也无法继续追随大王了。"

在这危急复杂关头,李世民仍下不了决心,犹豫良久后说:"相信我自己的意见并不是全无道理,请大家再讨论一下该怎么办。"

尉迟敬德立刻回答说:"我们已到了关键的时刻,处事迟疑不决,非智也;遇到困难踌躇不前,非勇也。大王亲自训练的800余名勇士,已全副武装进入宫中。我们已不能后退了。"

李世民此时无法裁决,于是召集全体幕僚听取意见。幕僚们几乎异口同声地说:"元吉生性凶恶,将来决不会臣服于皇太子建成。最近有人曾向他拍马屁说:'王(指齐王元吉)之名合为一字恰好为"唐"的字形,来日必登太子之位。'元吉听了这句话,得意扬扬地说:'若是先除掉世民,再除皇太子就易如反掌了。'这个家伙想与皇太子共谋起事,如今阴谋尚未实现,又开始心怀鬼胎,想谋杀皇太子。这样一个穷凶极恶的人,若是让他与皇太子合谋,二人为所欲为,大唐的天下迟早要被断送。以大王的英明,要除掉他们易如反掌。时不我待，现在不能再拘泥于兄弟私人之情义，而忘掉社稷之大计了！"

听完此话后，李世民仍无法决断。大家接着又说："大王，你觉得舜帝如何？"

李世民答道："他是古代的圣人。"

大家继续说："他父亲要打他的时候，如果是小杖，他就乖乖地接受，如果是大棒，他就远远地躲开。因为舜胸怀大志，有智有勇，故如此识大体。"

到了此时，李世民仍难下狠心，于是让人去拿龟壳来占卜以定决策。正在占卜之时，幕僚之一的张公谨从外面跑进来，将龟壳摔在地上说："占卜是碰到有疑虑、难决的事情才去占的。毫无疑虑的事情还用得着占卜吗？难道占到不吉利的卦相，这件事就可以作罢吗？"

至此，李世民终于毅然决然地作出决定，然后开始了紧张而又秘密的准备工作。某日上朝之时，李世民带亲信幕僚入宫，另伏兵于玄武门。尽管此时李建成与李元吉也已经作了周密布置，但到底还是失算了，二人相随前往玄武门，遂被李世民和尉迟敬德所杀。这就是有名的"玄武门之变"。没过几日，唐高祖李渊立李世民为太子，随后李世民正式登基，开启了著名的"贞观之治"。

我们且不说李世民三兄弟争权夺位、相互谋杀的是是非非，反思"玄武门之变"这一历史事件及其经过，可以给领导者提供不少的启示。

其一,作为领导人物,特别是身负治国安邦重职大任的领导,确实要以国家、社稷的兴衰得失为重,不可拘泥于个人和家庭的私人情义。虽然个人不能无情无义,但当社稷存亡与个人私情发生冲突时,应以前者为重,甚至关键时刻要像李世民那样"大义灭亲"。

其二,李世民虽为"王君",却不独往独来,此类机密大事能及时告知部属,一起平等商议对策,集思广益;部下也能不客气地表达意见,反对李世民的主张;而李世民自己的方案被大家否决后,不主观武断,反而能海量包涵,丝毫没有情绪化。

其三,遇到大是大非和情况危急的关键时刻,一方面要沉着冷静,有可能的话,要多听听部属和亲信的意见;另一方面则不能犹豫不决,当断不断,错失良机。否则,就是"非智""非勇"也。

其四,李世民一向是个敢作敢为的领导人物,有智有勇,虽然此事涉及骨肉相残的"德性"问题,犹豫难定也可以理解,但是李世民在此事处理过程中的态度是真正出于本意或者说完全出于其内心所想,还是一时故意压抑部下激动情绪,以进一步增加全体幕僚同仇敌忾的决心,或者以此来推脱兄弟相残、窃取皇位的道德责任,这真相究竟如何,我们已无法考证了,但是,他的态度对激励部下同仇敌忾、团结一致、义无反顾地干好此事,确实是有作用的,而且这样一来恐怕也不会有人背叛,去向皇太子和元吉告密了。

不管怎么说,对于有远大抱负、以天下为己任的人来说,遇到国事与家事、大义与私情的矛盾时,自然应该以天下为重,甚至要像李世民那样,该大义灭亲时就大义灭亲。

第二章　劳其筋骨矢志不移

有了以天下为己任的宏大理想和远大抱负,还需要有坚强的意志和吃苦耐劳的毅力。否则,理想只能是幻想,抱负不过是泡影。

古往今来,任何一个人要想在事业上有所成就,要想在人生的道路上放射出光彩,不付出艰辛的劳作,不磨练坚强的意志,都是不可能的。至于要"出人头地",要成为领导者和社会名人,特别是要想干大事业,成为大人物,就更要劳其筋骨,吃尽苦头,矢志不移,奋斗不止。孟子说:

> 天将降大任于是人也,必先苦其心志,劳其筋骨,
> 饿其体肤,空乏其身,行拂乱其所为。

意为当上天要将重大任务落到人身上时,一定会使他先受尽挫折。孟子认为,只有这样,才可以坚定一个人的意志,增强他的能力。

真正大有作为的领导人物不会立了雄心壮志却不去奋

斗,不会不懂得付出与收获的关系,也不会不知道人生路途上的艰难困苦。

领导人物不会因一时的顺境而欣喜,不会因个人的得失而悲伤,也不会因眼下的逆境而气馁。

领导人物一般具有刚强的意志、坚韧的毅力、积极向上的精神风貌和永远进击的英雄气概。

领导人物"任重而道远",不能不刚强坚毅,不能不奋发拼搏、至死方休。

也许,"先天下之忧而忧","先天下之苦而苦","先天下之劳而劳","后天下之乐而乐",才是领导人物的品格、特性和人生境遇的生动体现吧。

朝夕逸游的隋炀帝与老骥伏枥的曹操

在隋朝之前,中国经历了南北朝长期对立的战乱年代。当时社会一片混乱,民生凋敝,人民生活痛苦不堪,亟须休养生息以恢复元气。尽管隋炀帝在位期间推行的一些重大政策未必都是不合理的,但他营建东都洛阳,开掘大运河,均役使数万至数百万人,并发动进攻高丽的战争,兵役繁重,使人民陷入深重灾难,怨声载道,终致众叛亲离,葬送了隋王朝。这与隋炀帝不励精图治、自暴自弃、贪图安乐有着直接的关系。

隋炀帝

　　本来,隋炀帝在自己的皇宫里已经过着极其豪奢的生活,整日耽于逸乐,不耐政事的烦劳,缺乏吃苦耐劳、奋发向上的坚定意志,后又突发奇思,于大业十二年(公元 616 年)离开东都洛阳前往南方游乐,从此便一直停留在江都不返。不久,唐国公李渊率兵进入了长安,并拥立炀帝孙代王杨侑为皇帝,并尊隋炀帝为太上皇。

　　国家发生如此重大的事变,隋炀帝却仍不悔悟,继续留在江都,终日游乐不止。他或许知道这个国家已经很难挽救,或许知道自己的生命和隋王朝都已为时不久了,于是知难而退,丧失斗志,缺乏坚强的意志和毅力,就自暴自弃了。

这当然不是一个政治家应有的风格和品质，更不是杰出领导应有的天性和气质。

有一天，隋炀帝竟然照着镜子对自己说："好一个头颅，不知道谁要来砍它呢？"然后哈哈大笑一番。这个时候，中原已群雄割据，开始呈现出乱世的状态。面对这种混乱的局面，隋炀帝丧失了勇气和毅力，就更加无意北归回京了，而且还想渡过长江迁都至丹阳（今南京市），并命令群臣讨论是否可行。真是不幸得很，天不饶人，这时候，江都的粮食都已经被他们耗用殆尽了。

面对这种局面，隋炀帝的随从们情绪开始波动。他的随从侍卫多数是关中来的人，由于长期屯驻在江南，又遇到江都粮荒，生活日渐痛苦，感到不耐烦起来，思乡之情便油然而生。但是隋炀帝始终无还驾京城之意。侍卫们看到这种情形，想跑回故乡的渐渐多了起来，逃亡的士兵日渐增多，追杀也无济于事了。

后来，有些部将开始谋议造反，但又怕造反不成被追杀而不得不十分慎重。不过也有人大胆提议：干脆一不做二不休，起义杀掉隋炀帝再说。于是，他们就推举右屯卫将军领头起义。一天夜晚，起义者闯入殿中。翌晨将隋炀帝追入西阁而掳之。

隋炀帝见此情形，叹息道："朕到底犯了何罪？怎么会有今天这样的遭遇呢？"

其中一位起义的将士马文举说："陛下遗弃宗庙,巡游不返,热衷于外征,极尽奢淫之能事。壮男丧命于刀下,妇女饿弃于街沟,四民失其生业,盗贼蜂起,专用佞臣,饰非拒谏,陛下何能无罪?"

隋炀帝听后倒也不觉得突然了,也许他早就料到会有部属起义,所以不慌不忙地厚着脸皮说:"朕的确有负天下老百姓,但是对待你们并不薄呀。你们的荣耀和厚禄不都是朕所赐给你们的吗? 你们为什么无情无义,今天居然这样对待朕呢?"

曹操

最后隋炀帝还不愿失去帝王的尊严,要求饮毒酒自尽,但未被允许,于是他解下头巾,被叛军用这条头巾绞死。一代帝王就此结束了生命。炀帝孙恭帝识大体,知天下难保,"主动"让位给李渊,大唐皇朝就此开始。

与隋炀帝不同,曹操的精神状态和意志就完全是另一番景象了。看看曹操写下的这首令人拍案叫绝、油然起敬的《龟虽寿》，使人不得不称赞曹操志在千里的气派和魅力。这首诗的前半部分说：

> 神龟虽寿，犹有竟时；腾蛇乘雾，终为土灰。老骥伏枥，志在千里；烈士暮年，壮心不已。

所谓"老骥"，是指年老的骏马；"枥"是指马槽。因此，这里主要是要表达这样一种含义：年老的骏马虽然伏在马槽旁，但是它的志向仍然是驰骋千里。与此相同，作为一个真正的男人，即使年老体衰，但仍然不会因此而丧失顽强的斗志和毅力，并要为实现远大的志向而继续奋斗。这该是多宏伟的气魄啊！

曹操是三国时期的一个大人物。在《三国演义》中，曹操被称为"乱世奸雄"，被描绘成品质恶劣的典型。不过，历史上的曹操是一个非常了不起的杰出人物，是在当时混乱的时势下必然要造就出来的英雄豪杰。他经过多年时间，排除艰难险阻，终于统一了中国的北方地区，成为当时最强大的政治势力。可想而知，那个时候支撑着曹操的无疑是他在这首诗中吐露出来的"千里之志""壮心"。这种"志向"和"意志"，当然不是一般人的志向和意志。曹操所以在事业上取得如此辉煌成就，成为历史上的一个大人物，显然同他的"志向""意志"有直接的关系。

唐太宗论炀帝之失和治天下之难

隋炀帝被叛军绞死后,炀帝孙恭帝见天下大势已去,随即让位给李渊。李渊之子李世民经过"玄武门之变"后,不久即正式登上皇位,于公元626年八月,即位于东宫显德殿。次年正月,改年号为"贞观",从此开创了历史上有名的"贞观之治"。

贞观九年(公元635年)的一天,唐太宗李世民对陪侍左右的各位大臣说:"以前刚平定京城时,发现宫中美女和珍珠宝贝,没有哪一院不是盈满的。但是,炀帝还是不满足,他还不停地向老百姓征收搜刮,再加上东征西讨,不惜兵力,随意发动战争,使老百姓忍受不了,徭役无时,干戈不戢,民不堪命,率土分崩,终于走向了灭亡。这些都是我亲眼所见的。所以,我要日夜谨慎,勤奋不懈,做到清静无为,使全国平安无事。鉴于此,我很少征发徭役,使农业丰收,百姓安乐。治理国家就像种树一样,树根稳固了,才会枝叶茂盛。倘若做君主的施政能够清静,百姓怎么会不安乐呢?"

唐太宗鉴于隋炀帝繁徭重赋、穷兵黩武,沉湎于享乐游玩而无所作为,以致隋朝只存在了短短38年就败亡的深刻教训,提出了轻徭薄赋、与民休养的治国方针,并且指出,要想推行和实施这一方针,君主绝不能好大喜功,贪图享受,而要励精图治,付出艰辛的劳作。

唐太宗算得上是一个英明的君主了,他十分清楚地意识到,无论是创业取天下还是守成治天下,都是十分艰难的事业,贞观十年(公元 636 年)的一天,唐太宗对跟随左右的大臣说:"帝王的事业,创业和守成哪一方面更难呢?"

尚书左仆射房玄龄说:"混乱的时势,各地英雄争相兴起,互相争夺,只有攻破了城池,对方才肯投降;只有把对方彻底打败了,才能取得胜利。照此说来,创业是最为艰难的。"

魏徵却说:"帝王的兴起,必然是乘前朝的衰乱之机,推翻黑暗残暴的统治,获得百姓的拥戴。所以能取得天下,既是上天的授予,也是百姓的拥护。如此说来,创业并不是很难的事。但是取得了天下之后,帝王往往会骄傲起来,耽于逸乐,百姓盼望安定,然而徭役不停;百姓困苦不堪,然而奢侈的事务无休无止,国家的衰落破败常常由此引起。这样说来,守成才是真正艰难的事业。"

唐太宗听后颇有感触地说:"玄龄过去跟随我平定天下,历尽艰苦,万死一生,所以他才深切地体会到创业的艰苦。而魏徵跟着我治理天下,顾虑骄逸之心一生,必定走到危险灭亡的地步,所以深感守成的艰难。现在创业的艰难已过,守成的艰难,正是大家应该谨慎对待的。"

参加创业的人和肩负守成重任的人,往往从各自的角度对创业和守成的艰难有不同的体会和认识。唐太宗能够正确地认识创业和守成的艰难,并在夺取政权以后着重考虑和对待如何稳定和发展的"帝王事业",这是他见识过人之处,也是他所以能开创繁荣昌盛的大唐帝国的重要条件。对每个单位的领导人来说,创业与守成的艰难都是不得不考虑的。如果没有远大的抱负和奋斗不息的意志,事业的成功之路往往会半途而废。从一定意义上讲,守成更艰难,更需要有持之以恒的毅力。成立一家公司,开办一个商店或工厂,当然"万事开头难",很不容易,但办起来之后,如何巩固、怎样发展,其艰难的程度也是可想而知的。

君臣纵论君主骄奢之害

由唐太宗李世民开创的唐朝繁荣时期,并没有能自始至终地保持下去,大约到了公元 755 年安史之乱爆发后,唐王朝就开始走下坡路了。

唐太宗之后,武则天逐渐掌握了大权。武则天死后没几年唐玄宗李隆基即位。开元、天宝是唐玄宗李隆基在位时的年号,开元共 29 年,天宝共 15 年。开元年间是唐朝的鼎盛时期,天宝十四载(公元 755 年)时爆发了安史之乱,从此唐王朝开始衰落下去。唐玄宗早年做过地方官,故知统治事业的艰难。但到了其统治的后期,朝廷财政困难,聚敛之臣到处设法搜刮民财,加上唐玄宗好大喜功,重用奸臣,发动战争,纵逸骄奢,不励精图治和居安思危,结果发生了安禄山等人的叛乱,洛阳、长安二都被攻陷,唐玄宗只得仓皇逃往成都。

唐宪宗李纯即位后,常与左右臣下讨论治乱兴衰的历史经验。有一天,君臣们又聚集到延英殿里,唐宪宗问道:"我读《玄宗实录》,看到开元时达到了大治,天宝时却出现了叛乱。同是玄宗一朝,治与乱如此截然不同,这是为什么呢?"

宰相李绛答道:"我听说治生于谨慎戒惧,乱生于放纵欲望,不严于律己。玄宗自武则天时就出宫住在藩王府邸,曾经担任过地方官职,并在地方上礼遇贤士,知道世事的艰难。即位之初,任用姚崇、宋璟为宰相,二人都是忠正之士,才华出众,以辅佐皇帝为己任。玄宗当时一心求治,志向远大,也能励精图治,勤劳理政,且兼听纳谏。因此当时上下在位的都是著名贤士,左右前后,人人崇尚忠正,君臣互敬,天下安宁。开元二十年(公元 732 年)以后,李林甫、杨国忠相继专权用事,专用奸佞之人,分掌权要,阿谀媚上,玄宗从此听不到直言实话。他自己的嗜好欲望日益增多,国家财用不足,奸臣因而建议聚敛财富,武夫也提出在边境发动战争。天下开始骚动,安禄山乘机叛乱,致使两京陷落,到处兵荒马乱,皇帝也被迫出逃,几乎难以恢复疆土。这都是由于小人引诱,君主纵逸骄奢造成的。"

这是宰相李绛对唐玄宗的评论,重点说明了君主骄奢之心的严重危害性。对此,唐太宗李世民也曾有一番高论,颇令人起敬。

贞观初年,太宗对左右大臣说:"做君主的,必须首先让百姓安居乐业。如果损害百姓来满足自己的奢欲,恰如割下大腿的肉以饱自己的口腹,肚子虽饱了,但身子也就死了。故要安定天下,必须使自身合于正道,自己要先吃苦耐劳,兢兢业业。没有身正而影子歪的,也没有上级清正而下级混乱的。我常常想,伤害身体的原因,不在于外界的事物,而在于本身的嗜欲无度。假如沉浸在美味佳肴、美女淫声里,欲望多了,受损害就大,既影响了政治,又扰害了百姓。如果说出一句不合道理的话,万民就会为之而人心涣散,产生各种怨恨诽谤,这样逃离叛乱也就接踵而起了。"

志高苦大是领导的人生境遇

领导人物以取天下、治天下为己任,其志向和奋斗目标可谓高远,但是,一个人的志向越高大,他要走的人生征途

《贞观政要》

也就越长远,他要吃的苦头和要经历的磨难自然也就越多。作为一个领导者,追求的目标、肩负的责任和付出的心血都比一般人要高要大要多一些。

志高苦大,是不是说不要志向或志向越小越好呢?因为志向小,吃的苦可能相应就要少一些。

回答当然是否定的。一个人活在世界上总要有所追求,总要活得有价值、有意义,总要为他人为社会为国家作出贡献,谁都不想做一个没有出息的、在别人眼里无足轻重的人。而人要过得有意义,有个充实的人生,就要立下志向,确定人生的奋斗目标。在可能的范围和条件许可的情况下,志向和奋斗目标自然越高越有意义。

作为一个人,尤其作为一个领导人物,一开始就应该觉悟和明白,志向往往约束着人生,这样那样地规定着一生的遭遇。换句话说,有了志向,就伴随着人生的辛劳和苦难;追求的志向愈高愈大,人生要经受的辛劳和苦难也就愈多愈大。因此,领导人物一开始就要有思想准备,要准备吃大苦,耐大劳,树立刚强的意志,义无反顾、不屈不挠地为实现自己的远大目标而奋斗。

例如,孔子可以说是依靠他的远大"志向"支撑着而生活下来的。孔子有远大的理想,而他的人生却可以说是苦难的一生。孔子是在一个非常恶劣的环境里成长起来的,但无论环境如何恶劣,他始终立志于追求学问和实现理想的社会目标。

孔子说:

> 吾十有五而志于学,三十而立,四十而不惑,五十而知天命。

孔子说人生一过四十岁便"不惑"了。所谓"不惑",就是能自觉地确立和坚信自己的人生奋斗方向,坚定不移地去实现它。

孔子在他所处的那个时代立志于追求学问,并不是为了自己的荣华富贵,而是希望为实现他心中的那个理想社会而尽一份自己的力量。这就是孔子毕生奋斗的目标。

其实,无论在什么时代,也不管在什么国家和地方,要干一番大的事业都是难乎其难的,至于政治领域更是变幻莫测,艰难异常。政治家和政治势力的斗争,有时候就是比意志、比毅力。孔子也是这样,为实现自己的政治主张和远大抱负而日夜操劳奔波,却也不得不到处碰壁,总是一而再、再而三地陷入困境之中。孔子的一生,直到晚年,都是极其劳苦惨淡的。

孔子

但是,孔子从不气馁,即使处在深深的逆境中,也不灰心,不失态,而是稍事休整就继续勇往直前。对事业、目标和人生不悲观、不消极,是孔子的人生哲学和生活态度,很值得人们学习。如果说支撑孔子度过其苦难人生的是他的远大志向,那么帮助他克服那些苦难一步步走向人生终点和接近奋斗目标的就是他的意志和毅力了。

刘备、诸葛亮的人生境遇可以说同孔子有很多相似之处。刘备始终抱着"复兴汉室"的远大志向,一生都在乱世中奔波。当时,在内忧外患纷至沓来的情况下,汉皇室的统治动摇,地方上开始出现群雄割据的局面;刘备是汉皇室的后裔,想积蓄力量以图汉皇室的再兴。

就刘备自身的力量来说是很弱小的,举兵的时候只不过才数百人,加之这些人不善于打仗,战斗力不强。用现在的话说,他是在资金一无所有,毫无经营手段的情况下建立公司的,这是不容易成功的。

刘备的一生就是抱着和实力不相应的志向,几经沉浮,但是无论在什么时候他都没有放弃自己的志向,如若放弃,他的人生便没有意义了。对刘备来说,所谓志向就是要任何时候都不能放弃。正是基于这种坚持,他经受住了无数的劫难,这也可以说是所有抱有远大志向的人的归宿。

刘备的志向在他死后由诸葛亮继承,消灭魏国、夺取中原再兴汉室,成为诸葛亮面临的课题。但是对手魏国在实力上数倍于己,即使他怎样谋划,也几无胜算。那么,要怎样才能实现自己的志向呢?为此诸葛亮开始了他的苦心经营。

正是因为这种志向,使诸葛亮始终难以摆脱那种沉重的责任感。抱有志向者,其志向越大,其经受的苦难便愈烈。诸葛亮最终由于过度疲劳而在五丈原军中病亡，真正做到了"鞠躬尽瘁，死而后已"。

与这两个人的立场形成鲜明对照的是孙权。对孙权来说，他可能并没有像刘备、诸葛亮那样的远大志向，进攻中原取曹魏而代之这样的野心，可以说是相对淡薄的。怎样巩固其父兄两代创下的江东霸业，是孙权面临的主要课题。因此，与刘备、诸葛亮相比较，他远处于安适的立场上。

在固守江东基业这方面，孙权可以说是干得很好的，他没有丝毫勉强，只运用适当的战略，适应形势的变化，便成功地生存了下来，但从另一方面来看不得不说他是缺乏刘备、诸葛亮那样的魅力、意志和悲壮感的。

疾风知劲草

在风雨烈火的考验中才更能显示出一个人的英雄本色。领导的才干、魅力只有经过"疾风"的吹打，才能得到彰显，也才能被群众所认可。因此，是"劲草"还是"弱草"，要在艰难的处境中辨别。

曾子曾经说过一句很好的话：

士不可以不弘毅，任重而道远。仁以为己任，不亦重乎？死而后已，不亦远乎？

意思是说，要当"士"，不可以不刚强而坚毅，因为他肩负的责任重大，道路遥远啊！要以实现仁政于天下为己任，这样的责任还不重吗？至死方休，还不遥远吗？

曾子

曾子说的"士"，主要是指读书人；"弘毅"是刚强和坚毅的意思。因"任重而道远"，为"士"者不能不"弘毅"，需要有坚强的意志和毅力，不管遇到多大的困难也不能低头屈服，无论遭到多少次失败也不能回头气馁，这就要有顽强拼搏的精神，勇往直前的气概。作为一个单位和组织的领导者，如果不"弘毅"或者说缺乏刚强的毅力，那是很难完成自身所肩负的领导使命的。

社会生活和社会环境是极其复杂多变的，不可能一切都尽如人意。一个人的事业也好，生活也罢，不可能总是一帆风顺的。正如晋代有位叫羊祜的大将军所说："天下不如意，恒十居七八。"一个人的人生往往是不如意的情况比如意的情况要多些。因此,我们在这个世界上活着,没有顽强的意志,没有不屈的毅力,没有艰苦奋斗的精神,恐怕是很难成为有出息的人的。

胜不骄、败不馁,顺利时冷静,困难时沉着,占据优势时不傲慢,处于劣势时不卑怯,这是事业成功的基本条件,更是"为官"的基本"秘诀",其实人生也是如此。当然,领导人物尤其需要有超出常人的刚强意志和毅力。因为作为领导,责任重大,处理的事多而杂,碰到的困难也大,如果不具备相当的毅力,那是难以担当领导重任的。一个为官者如果老是说自己忙呀,累呀,苦呀,那是得不到别人同情的,也是不应该同情的。因为当领导,苦点、累点、忙点都是理所当然的。所以,领导者应该自觉地意识到自己要有比一般人更坚韧的毅力,并努力锻炼和培养这种毅力。

《后汉书》中有句名言,叫做"疾风知劲草"。在风和日丽的日子里,"劲草"和"弱草"差不多一个样,很难区别开来,然而,一旦遇到了疾风暴雨,"弱草"就会扑卧倒地,而"劲草"却仍然昂首挺立。只有在这个时候,才能真正分辨出"劲草"和"弱草"。同样,也只有在环境艰难困苦,需要付出超常心血和超常毅力的情形时,才能真正显示出领导者的英雄本色和独特魅力。

逆境是良药

如果说"劲草"的本色需要"疾风"来衬托,那么,我们的人生又何尝不是如此呢?

俗话说,良药苦口利于病。对有志者和领导人物来说,逆境也是难得的"良药"呢。

在顺境时,大家的人生恐怕都差不多,只有在逆境时,方显各人的真正价值。身陷困境而自弃,不敢正视困境,知难而退,不得不说这是一种"小人"。反之,无论身处何种困境,不慌不躁,不乱阵脚,顽强地开拓新局面的人,才是真正的君子。

要想在逆境中开拓新局面,就必须有坚强的意志和毅力。而另一方面,坚强的意志和毅力也可以借逆境加以磨练,两者是相辅相成的并系。

明代洪自诚在《菜根谭》一书中说:

> 居逆境中,周身皆针砭药石,砥节砺行而不觉;处顺境中,眼前尽兵刃戈矛,销膏靡骨而不知。

这也就是说,逆境也有逆境的好处,它可以磨练一个人的意志。

支撑现代社会经济的基础,是各式各样的中小企业。

但在不少企业里，正处于新老交替的时期，老一辈企业家已经退居二线，新一代的企业家正肩负着继承父业、在激烈的经营竞争中继续巩固并积极发展的重任。然而，情形也许并不乐观，老一代企业家是在极其艰苦的环境中锻炼出来的，而新一代则缺乏这种考验。

明代哲学家、教育家王阳明十分重视"在事上磨"，意指在实践中锻炼自己，"事"就是每天的工作；在每天的工作实践中锻炼自己，也就是"磨"。经营的秘诀，工作的经验，并不是靠读几本书就能掌握的。新一代企业家所缺乏的，也正是这种磨练。要想把自己培养成出色的企业家，一方面必须投身于艰苦的环境，另一方面应在实践中锻炼自己，除此别无他途。竞争激烈的、艰难困苦的经营环境，正是培养新一代出色企业家的最根本的、也是最好的场所。

搬砖砺志

陶侃是晋朝一位颇有名望的将军。有一段时间，他因朝廷重臣王敦的疑忌，被调离战马奔腾、刀光剑影的中原战场，来到了太平无事的广州任刺史。陶侃觉得在这里环境舒适，享乐安闲，身体就会渐渐发胖和发虚，人的意志也会逐渐消退，长此以往则会无所作为。

为此,陶侃便让人拿来一百块大砖放在书房里。每天天不亮就起床,将书房内的一百块大砖全部搬到房外,天黑睡觉前又搬回书房。起初,他每次只能搬五块,还觉得有些腰酸背痛,经过一段时间的锻炼,一次可以搬十块以上了。

一天夜晚,天很黑,陶侃的一位副将前来禀报要事,透过书房内的微弱灯光,见有一个人影正猫着腰走进房内,不知做什么事。副将过去一看,原来是刺史大人在搬砖头,赶快跑过去,要接过刺史大人手中的砖头,却被陶侃阻止了。

副将不解地问:"刺史大人,你身为主帅,为何干这等脏累粗活?"

陶侃笑笑不语,直至将砖搬完,方搓搓手上的灰尘,然后一本正经地说:"此事何谓小矣! 你看敌军已夺北国,现正觊觎江南。我身为朝廷将领,久已立志报效国家,时刻准备与敌拼杀。可是现在南方无战事,过惯了安逸日子,会养娇身体,消磨斗志。我日日搬砖以增强体质,磨砺意志,一旦朝廷需要,我仍将奔赴中原,为国效命。"

陶侃这番肺腑之言,说得副将连连点头,赞不绝口。就这样,陶侃不论阴晴雨雪,还是酷暑严寒,天天如此,因而使自己的体魄健壮如初,斗志昂扬始终如一。

后来,王敦之乱平定后,晋廷重新任命陶侃为荆州刺史。咸和三年(公元 328 年),年近七旬的沙场老将陶侃作为征西大将军,起兵勤王,一举平定苏峻、祖约的叛乱,为晋王朝的安宁再立战功。

功成凯旋之日,陶侃深感自己之所以有今日的作为,很大程度上得益于当年的搬砖砺志呢。

陶侃的故事对我们很有启迪。一般地说,刀光剑影、出生入死的战场,环境是恶劣的,生活是艰苦的,但是,这样的环境正是一切想有所作为的人施展才华的好地方,这一点无论是陶侃还是疑忌他的王敦心里都是很清楚的。可贵的是,陶侃不沉湎于太平无事的舒适环境,不贪图享乐游玩,不消沉,不气馁,而是自觉磨练自己的斗志,经受住"逆境"的考验。

还有一个启迪是,环境好坏是相对的,顺境和逆境是可以相互转化的,它们对人们的考验和作用,全靠当事者如何去对待和把握它们。对一般人来说,安闲的、舒适的环境也许是顺境,艰难困苦、出生入死的地方是逆境,但对那些志向远大、意志坚强、才华横溢的领导人物来说,则别有一番效应和情趣。

酸甜苦辣成圣人

要磨练人的意志,增强人的才干,基本方法之一,就是多吃苦。

作为一个领导人物,在成长过程中,会遭受各种曲折,吃尽各种苦头。如果前怕狼,后怕虎,经不起一点风浪,那是很难成大气候的。

佛教说,苦海无边,回头是岸。这话有些道理,但也很消极,按这句话去做,就会难以有所作为。从一般意义上说,我们的人生,一辈子都面临着"无边的苦海"。当然活在世界上也有快乐,但一个人只要还活着,他每天都面对着生活的难题,都有苦恼。但我们却不能"回头",不能消极,不能打退堂鼓,而是要积极地迎击困难,克服困难。

因此,我们对各种苦难不能逆来顺受,必须抱着远大理想和积极有为的健康状态去认识种种苦难。我们一要不怕吃苦,二要善于吃苦,即尽量化苦为甜,三还要不显露苦相。

对一个意志坚强的人来说,他不但勇于吃苦,而且往往能把痛苦深深地埋在心底里。虽然从现代心理学角度讲,一个人碰到大灾大难,心里十分痛苦,应该把它及时地宣泄出来,而不要积压在心里自我折磨,这样有利于身心的健康。但是,作为领导人物,却不能一遇到苦难、一碰到失意就马上表现出痛苦来,那是没有毅力、没有出息和缺乏自制力的表现,也是领导人物特别忌讳的。

那些经常面露苦相的人,一般说来,意志和性格都比较软弱,情绪也比较消沉。作为一个领导,如果整天哭丧着脸,不断地唠叨着苦经,他就缺乏必要的领导魅力,难以把部下团结在自己的周围。因为,这种人缺乏必要的自信心和吸引人的魅力,也缺乏必要的感召力,因而很难得到人家的尊敬和信任,也很难听到各个方面的意见和信息,从而影响自己的威信和事业。凡事应不露声色,多吃苦耐劳。在这方面,我们该向孔子学习。

大家知道,孔子是个了不起的人,他的学术、思想和见解,影响遍及古今中外,对人类的文明进步事业作出了杰出的贡献。孔子虽然只是一介书生,但他阅历丰富,见多识广,思想深刻,被后人尊为大圣人。但是,据说孔子是一个私生子,而且年幼时就丧母,他的一生真可以说尝遍了人间的酸甜苦辣。连他自己也说,他出身十分卑贱,故能吃苦耐劳,为了生存下去,不可能挑挑拣拣。由于过惯了苦日子,尝多了人间疾苦,孔子读书、办事都特别用功、用心,终于成了一个大学问家,在政治上也颇负盛誉,在人生态度方面更是让后人称颂。在孔子的一生中,屡屡遭受挫折和苦难,然而他从不畏惧,也不后退,而是勇于克服困难,坚韧不拔地为自己的理想和志向而奋斗,这就是他的伟大之处。

孔子的弟子曾经这样评价他:"子温而厉,威而不猛,恭而安。"意思是说,孔子这个人温和而严肃,威仪而不粗暴,端庄而安详。又有人评价说,孔子有四个大优点:"子绝四——毋意,毋必,毋固,毋我。"这就是说,孔子的四大优点是:不主观臆测,不武断绝对,不固执拘泥,不自以为是。所有这些优点,都同孔子勇于和善于吃苦有关系。孔子所以能成为大圣人,成为令后人尊敬的圣人,显然是与他坚强的意志和达观的态度联系在一起的。

知所以败,不复败

对领导人物和一心想在事业上有所作为的人来说,人生最大的痛苦,大概莫过于失败了。可是,没有失败也就不会有胜利,正像没有道路是始终笔直的,一帆风顺的人生和节节成功的事业也是没有的。问题不在于有没有失败,而在于怎样对待失败,能不能从失败中得到智慧和经验,从而使自己今后不重犯过去的错误。这就是化失败为成功,知所以败,进而不复败的道理。

一般地讲,由于尝多了人生的艰辛和痛苦,人到了一定的年纪,办事就特别谨慎,所以无论在工作上,还是事业上,以及人生的道路上,失败、曲折都会比较少一些。但是,这个年纪的人虽然可以说已"老于世故",社会经验已相当丰富,但也不可能没有失败,而且人越老,一旦失败也就越不容易改正,总结教训。相反,年轻人虽容易犯这样那样的错误,但也容易纠正,并从中吸取教训,从而避免重蹈覆辙。

怎样正确对待失败?在这方面曹操的态度和做法也许

仍然值得我们现代人好好学习。

曹操是一位卓越的领导人物,他足智多谋,用兵如神,在东汉末年各方混战的争雄年代,力克群雄,统一了中国北方。但是,世界上没有常胜将军,曹操再能干、再有领导才华也不例外。

有一次,曹操率军同张绣作战。张绣考虑到自己当时无法同曹操抗衡,就略施小计,诈降曹操,并装得像真的一样,使曹操信以为真,麻痹大意。于是,张绣看准时机发起突然袭击,打得曹操措手不及,一时阵脚大乱,不得不撤退,途中自己又被流箭射中,手臂受伤,长子和亲信大将也死在乱军之中,损失惨重。

曹操十分痛苦,后悔不已,但损失已无法挽回。不过,曹操毕竟是英明的领导人物,他认真总结失败的教训,并语重心长地对部下说:

吾知所以败,诸卿观之,自今已后,不复败矣。

曹操能正确对待失败和积极总结分析失败的原因,从中吸取教训,努力使自己不再犯同样的错误,这正是曹操的过人之处。领导人物应该有这种见识和风度。

在现实生活中,有些人一受到挫折、失败就自暴自弃;而有些人屡犯不改,甚至不断重复犯相同的错误,这种人的态度和做法就令人失望了。希望我们人人都能向曹操学习正确对待挫折的态度和做法。当然,作为领导人物就更应该如此，在总结失败经验教训的基础上丰富、完善自己，增强才干。

卧薪尝胆

要想摆脱困境，必须要有顽强的毅力。如何培养这种毅力呢？"卧薪尝胆"的故事，也许能给我们一点启发。

距今约两千五百年前，在中国南方，吴越两国连年争战，史称"吴越之争"。当时吴国的国王是阖闾，他任命《孙子兵法》的作者孙子为军师，训练军队，势力逐渐扩大，大有问鼎北方之势。但新兴的越国在其背后，威胁着吴国。

公元前496年，吴越两国爆发战争，吴军失败，吴王身负重伤，仓皇逃走，不久因伤势过重死去，临死前把儿子夫差叫到跟前说："你的杀父仇人是勾践，此仇不能忘记。"

自此之后，夫差开始苦苦磨练自己。据史籍记载：夫差励精图治，等待时机，替父报仇。两年后，夫差果然打败勾践，活捉勾践于会稽，如愿以偿。

之后，勾践也开始了复仇活动。他获释归国后，经常睡在柴草上，以培养自己的吃苦精神。手边经常放着苦胆，起卧放在手中，每次吃饭前，都必定尝一尝，以示不忘亡国之辱。他还时常提醒自己："勾践啊，你可不能忘了会稽之耻啊!"

勾践暗中努力,伺机复仇,国力日益强大。这种努力持续了近二十年,实在需要非凡的毅力啊!二十年后,勾践终于打败夫差,一雪前耻。这就是有名的"卧薪尝胆"的故事。

无论夫差还是勾践,都是为了报仇而磨练自己,但我们现在说培养顽强的毅力,目的并不是"报仇",而是为了达到自己的目标和理想。

天下安定,尤须谨慎

夫差和勾践,他们在面对困难时都表现出非凡的毅力和坚定的信念,这是我们从"卧薪尝胆"故事中应该学习的东西。但他们在达到目的后,却都放松了对自己的要求。

这里让我们先谈谈夫差。他击败勾践后,立刻丧失了警惕心,粗心大意,骄傲自满,结果被勾践击败。而勾践击败夫差后,同样不像以前那样严格要求自己了,因而在内政外交方面都不再有起色。

为了摆脱困境,的确需要顽强的毅力,然而在形势好转时,为了使这种好形势保持下去,也同样需要顽强的毅力。

由优势变为劣势的一个原因,在于形势有利于自己时,放松了对自己的要求,失去警惕心,从而走向自己的反面。

为了避免这种状况，必须有比在困境中更顽强的毅力，夫差和勾践就缺少这一点。不只是他们，甚至可以说这是我们人类一个共同的致命弱点。

唐朝的第二代皇帝唐太宗，在这方面做得就比较出色，他经历了创业时南征北战的年代。继位后，他不因已是太平年代而放松要求，这实在是难能可贵的。

《贞观政要》一书记录了唐太宗的政治观点，书中唐太宗有这样一句话：

> 治国与养病无异也。病人觉愈，弥须将护，若有触犯，必至殒命。治国亦然，天下稍安，尤须兢慎，若便骄逸，必至丧败。

由于时常这样要求自己，唐朝在他的统治下走向兴盛，他也成为中国历史上有名的贤君。

"天下稍安，尤须兢慎"，这是唐太宗的观点，对于我们也莫不如此。为了摆脱困境，需要有顽强的毅力；为了保持优势，需要有更顽强的毅力。我们应该把唐太宗的这句话作为座右铭。

第三章　君臣之道

　　领导人物不但要有以天下为己任的远大抱负和坚韧不拔的意志，还需要掌握各种高超的"为官之道"。

　　领导之所以为领导，主要不在于有远大的理想，因为天下有宏大抱负的人多得很，而在于为人处世都有超过一般人的技巧，这就是"君臣之道""为官之道"。

　　所谓"君""臣"，就是一国之主和国家的大臣，用今天的话讲，就是政府元首和内阁成员。我们这里讲的"君""臣"，都是指领导，即"官"。不过"君臣"还有一层意思，就是君上臣下，即君臣之间有上下的关系。推而广之，任何一个单位、公司、企业和组织里，领导之间也有个"君臣"关系，也就是第一把手同副手、部属的关系。

　　至于"君臣之道"的"道"，其内容是相当广泛的。对于一个领导来说，其应具备的基本素质就是德才兼备。不过，对领导人的德才要求自然要高于一般人，否则就没资格当众人之"领","导"众人之行了。但是,德才的具体内容同样是很广泛、丰富的。作为领导,最根本的方面,在于有高尚忠厚的德性、深谋远虑的智慧、招才任贤的胆识、敢作敢为的风格、公正无私的胸怀、宽宏大量的气度,等等。要说"君臣之道",这就是君臣之道,或者说领导之"本"。

君行八德

在中国的传统文化以及一般百姓的头脑中,都有一种根深蒂固的观念,就是:作为帝王君主,最重要的是有高尚美好的道德,他们应该是天下善的化身;而作为将帅大臣者,除了忠信外,则或文或武,有智有谋。帝王有治国安邦之德,将相有治国安邦之才。这是我们中国人传统观念中对"君臣"各有侧重的要求或者说希望。

这种传统观念在当今虽然不太"合情合理",但也不是毫无道理。因为,各行各业都有专门的人才("大臣")来管理,而作为各单位的第一把手("帝王"),要如何让他们信服自己,如何去感化和团结他们,以及如何去协调他们,这里恐怕最重要的就是"德性"了。

那么,"君主"应该有哪些"德性"呢?当然,不同的人会有不同的看法和要求。在《周书·苏绰传》中,认为君主必须具备仁义、孝悌、忠信、礼让、廉平、俭约、无倦、明察等八种品德,这样才能令世人信服景仰。

《周书·苏绰传》中说:君主本身,是天下百姓的"表",就是一个国家的"的"。"表"竖得不正,不能要求有笔直的影子;"的"不明显,不能要求射中目标。如果君主不先自我治理,而希望治理百姓,这如同"表"歪却要求影子直;如果君主不先自我修养,而要百姓修养,这如同没有"的"却要求射中目标。因此,作为君主必须如清水一样明净,如白玉一样光洁。他要亲自履行仁义、孝悌、忠信、礼让、廉平、俭约,然后,继之以孜孜不倦地工作,再加上遇事能够明察秋毫。只要能实行这八项措施,用以教诲百姓,百姓对君主就会既敬畏又喜爱,以他为效法的榜样,用不着家家去费口舌,天天去打交道,自然会自动去践行了。

这里,着重讲了帝王、君主应该通过自己高尚的品德去感化、治理天下的道理,虽然不一定能完全做到,但这个道理是能成立的。

人主的十思和九德

"人主"就是帝王、君主。魏徵是唐太宗的谏臣,贞观十一年(公元 637 年)四月,他针对君主不敢信任部下,不委任授权，事无巨细一律亲自裁决的严重弊端，以及若过分授权部下，久而久之必然会产生上下松弛浮夸、不负责任、安闲懒散，进而也会引起危机的情形，上疏唐太宗，提出君主统御国事应做到的"十思"，对我们今人仍有借鉴意义。

"十思"是：

一、"见可欲，则思知足以自戒。"

意思是：见到想要的东西就应该想到知足。反之，不思知足，就是贪得无厌。不知适可而止，不知收敛，往往会断送一切。

二、"将有作，则思知止以安人。"

意思是：将要兴修土木就应想到适可而止。反之，就是不思知止，大兴土木，劳民伤财，奢华无度了。

三、"念高危，则思谦冲而自牧。"

意思是：身居高位就应想到谦逊退让。反之，就是目中无人，高傲而忘记自己地位之安危了。

四、"惧满溢，则思江海下百川。"

意思是：将要满盈时就应想到损抑、想到江海居于下百川之下游的道理。反之，就有满溢之虞。

五、"乐盘游，则思三驱以为度。"

意思是：喜欢打猎就应想到网三面留一面，不可整日沉溺于打猎。否则就是不思"三驱以为度"了。

六、"忧懈怠，则思慎始而敬终。"

意思是：遇到草率懈懒时，就应该想到谨慎和善始善终。反之，就是草率懈怠行事，不考虑后果，做事虎头蛇尾了。

七、"虑壅蔽，则思虚心以纳下。"

意思是：担心遇到蔽塞就应想到虚心听取部下的意见。不然，就会成为孤家寡人，壅蔽自己的耳目。

八、"想谗邪，则思正身以黜恶。"

意思是：考虑到有谗邪小人就应想到修身正己以驱邪言。不然，就容易受人蒙蔽，听信谗言。

九、"恩所加，则思无因喜以谬赏。"

意思是：进行奖赏时就应想到是否因自己喜欢而过分了，甚至给不该给的人以"谬赏"了。如果对自己喜欢的人格外厚奖，必会招致其他人的不满。

十、"罚所及，则思无因怒而滥刑。"

意思是：对人施加刑罚就应想到是否因为怒气而不按法律去做了。如果感情用事，凭一时的冲动，随便惩处一个人，或是过于严苛地处置人，都会引起大家的怨恨而离你而去。

作为领导和担任主管的人，如果不注意克服或常犯十不思的毛病，即做不到上述的"十思"，部下就不会信任你、诚服你，当然也不会认真做事，为你效力。所以，要不断地进行"十思"，才能防止不良的后果。

在做到"十思"的同时,魏徵在奏疏中还提出希望唐太宗能够弘扬"九德"。所谓"九德",是《尚书》中提到的九种德行,作为"人君"和领导人要努力做到的"九德"是:

一、宽而栗:虽宽大但有纪律;反之是器量小又散漫。

二、柔而立:温和但有能力;反之是尖酸刻薄又不能干。

三、愿而恭:严谨、恭敬却不冷淡;反之是做事不认真,自大又冷酷。

四、乱而敬:有解决问题的能力又很谨慎;反之是既没有解决问题的能耐,态度又倨傲不恭。

五、扰而毅:外柔内刚;反之是色厉内荏。

六、直而温:直率又温和;反之是说话既不真诚坦率,内心又冷酷无情。

七、简而廉:不拘小节但很踏实;反之是任何事情都要干涉,又无法掌握全局。

八、刚而塞:外在刚健,内在充实;反之是外在羸弱,腹中也无货色。

九、强而义:勇敢又有正义感;反之是胆量小又鬼祟作恶。

魏徵在给唐太宗的这封奏疏的最后,下了这样的结论:

> 总此十思,弘兹九德,简能而任之,择善而从之,则智者尽其谋,勇者竭其力,仁者播其惠,信者效其忠,文武争驰,在君无事。

这段话的意思是：领导者以十思来引导控制自己，弘扬九德，选贤任能，使有才干的人都能适得其所，那么，智者、勇者、仁者、信者，即全体人员都可以群策群力，为组织和国家不辞辛劳地献身效力了。魏徵还说，这样一来，人君就可以无为而治，又何必劳神苦思以代百司之任呢？换言之，"十思""九德"才是君主应做的事，掌握这根本性的东西，君主就可以无为而无不为，也就没有必要自己去劳神费力去做百官职权内的具体事务了。

在魏徵看来，君王应该以十思和九德为治国理政的基本理念，去实现真正无为的政治理想。同理，任何一个组织、单位里的领导，若缺乏或违背十思和九德，恐怕就无法顺利推动部下和单位里的工作，更谈不上创造绩效了。

权力如魔物

权力这东西如同魔物，使用得当，对自己对他人都有好处，使用失当，则害人害己。

没有权力的人渴望当领导而谋求权力，当了领导有了一定权力的人总想更多地使用权力或得到更大的权力，如此看来，大多数人都有一种天性：权力崇拜。但是，多数人又不太容易想到：权力也是魔物，是陷阱。

一个组织、一个公司的主管和领导者,不论大小都拥有种种权力,有时候甚至可以左右部属的命运,或贬黜或提拔自己的部属,或调动或抑制部属的积极性。但任何一种权力,它本身具有正的或负的两种作用,运用过度,容易产生滥权的弊害;过分授权或运用不及则会造成推卸责任的现象;若是把权力运用到谋取个人、小集团的利益或不该运用的地方,那产生的消极后果就更加严重了。

如何使权力运用得当,让人心服口服,这就要看领导人物自身是否具有卓越的领导哲学和良好的个人素养了。当然,十全十美是相当难的。不管怎么高明的领导人物都不能保证别人或自己手中的权力不会被滥用。为了保证权力不被滥用,需要有监督机制,包括用权力来制约权力;也需要领导虚心听取周围人的"谏言",而作为部下也应主动、直爽地向领导"进谏"。

在西方有这样一句话:"贫而聪慧的孩童,远胜过老而不肯接受谏言的君王。"一个有地位、有权力的人如果滥用权力,不肯接受人家的谏言,那么他无论是在人格上还是智慧程度上,都可能还不如一个懂事的孩童。

英国史学家威尔斯曾经说过,像尼禄那种在历史上有名的帝国暴君,乍看起来似乎天生是一个荒谬失常的人,但其实无论什么人,一旦掌握了绝对的权力,不受监督和制约,都有可能变成暴君。西方有句谚语,叫做"掌权三年,就会变成愚蠢的人"。不仅帝王将相可能成为权力魔物的俘虏，一般领导人物也可能成为权力魔物的俘虏，甚至是一般民众也完全有可能因有权力而堕入无道。所以，人人都应该心生警惕，自我约束，自我反省，只是领导者尤其责任重大，更应谦虚自律，同时要诚心听取他人的谏言。唐太宗是中国历史上一位杰出的君王，其德其才都令后人称颂，堪为一代明君，但据《贞观政要》记载，像他这样高明的人，其所作所为仍然有不少过错。不过唐太宗有一个最大的优点，就是知人善任，了解自己的缺点，善于听取群臣的谏言。唐太宗对自己的错误不但立即改过，而且对谏臣的诤言亦不发怒，反而对直言的人给予特别奖赏。这样一来，唐太宗就使自己手中的这个权力魔物受到了制约，使自己不至于身陷权力之陷阱而不能自拔，从而减少了权力魔物可能带来的消极作用。这是为官者不能不深思的。

上君尽人之智

一个人的能力是有限的——无论他有多大的本事。韩非子主张：一人难敌众人，故与其用一个人的智慧和力量，倒不如使用全国民众的智慧和力量；仅凭一个人的智慧处理问题，即使成功了，人也累坏了，若不成功，则后果不堪设想。韩非子把领导分为三等："下君尽己之能,中君尽人之力,上君尽人之智。"用现在的话说,就是:"三流领导用的是自己的才智;二流领导用的是他人的力量;一流领导用的是他人的智慧。"

项羽堪称一代豪杰,在秦末混乱年代,力挫群雄,但他不善于发挥部下的智慧,根本听不进部下的建议,不体察下属,凡事独断专行。结果,有本事的人纷纷离开了他,最后只剩下亚父范增——也在吵架后同他分道扬镳了。而刘邦却善于发现部下的才能,故能屡战屡胜。按韩非子的理论,项羽顶多算个三流领导,而刘邦才称得上是一流的领导。

刘邦手下的大将韩信曾经评论过刘邦和项羽两人的特点和风格,作为统帅三军的领导,项羽的缺点在于不善于使用将才,而刘邦的优点则在于善于指挥将才。

有一次,刘邦的相国萧何对刘邦说:"诸将易得,国士无双,大王欲争天下,非用韩信不可。"

刘邦听从萧何的提议,建起拜将台,亲自登坛举行仪式,拜本是都尉小官的韩信为大将军。

仪式完毕后,刘邦问韩信:"萧相国屡次保举将军,将军有何妙策可以教我?"

韩信反问道:"大王要东向争天下,自料有无项王那样的勇武强悍?"

刘邦默然许久后说:"我不如他。"

韩信说:"臣也以为不如。项王大喝一声,能吓退千百人,但是他不能任用良将,这不过是匹夫之勇。即使有人建立战功而当封爵位的,项王也舍不得给予印绶。项王不在攻守皆宜的关中建都,却定都于彭城(今江苏徐州),又按亲疏分封诸侯,将士多以为不公平;楚军所到之处,无不残杀掳掠,百姓迫于威势而不得不归附。项王名为霸王,实际已失人心,因而他的强是容易转变为弱的。项王杀秦降卒二十余万人,只有三人幸免,于是秦地父老乡亲怨恨这三人痛入骨髓。而大王您当初入关,废除秦时苛政,约法三章,所经之地秋毫无犯,所以秦民无不翘首以待大王。大王如举兵东进,发个告示,就能平定三秦之地。"

刘邦听后喜不自胜,当即决策东进。在"明修栈道,暗度陈仓"的计谋掩盖下,迅速东进,不下三个月,三秦之地,便如韩信所料全为汉王刘邦所占。

韩信所列举的项羽种种劣势,可谓对项羽了如指掌,然后对症下药,提出战胜项羽的谋略和计策。正如韩信所说,不管一个领导身居怎样的高位,也不管领导者本人多么有才干和水平,如果不能任用良将,充分信任和调动手下的积极性,那只不过是"匹夫之勇",不可能成就大事业。这样的领导人当然是不够格的,也不会有多少吸引人的魅力。

刘邦打败项羽、独霸天下后,韩信因有谋反之嫌而被贬为淮阴侯,经常称病不上朝。有一天,刘邦去探望韩信时,两人对刘邦手下的各位将军的才干作了一番评论,所说看法不相一致。最后,刘邦问道:"如我能将几何?"

韩信说:"陛下不过能将十万。"

刘邦又问:"于君何如?"

韩信说:"臣多多而益善耳。"

刘邦笑着说:"多多益善,何为为我擒?"

韩信回答说:"陛下不能将兵,而善将将,此乃信之所以为陛下擒也,且陛下所谓天授,非人力也。"

韩信说刘邦"不能将兵,而善将将",是很中肯的,同时也说明领导人物有领导人物的职责和才能。对于高级领导或者说手下有各级干部的领导人物来说,问题不在于能不能或能指挥多少"士兵",而在于善不善于使用手下的干部。杰出领导人物的高明之处就在于"善将将"。

知人善任数刘邦

秦始皇死后不久,天下即开始大乱,各地骚动,各股政治势力群起争雄。

刘邦和项羽为争夺天下曾大动干戈,史称楚汉之战。在中国的历史长河中,楚汉之战是非常精彩的一幕。

这场大规模的战争,主要是在黄河流域进行的,前后长达三年有余。战争初期,项羽占绝对优势,而且项羽勇猛善战,而刘邦却不善打仗,与项羽不可同日而语,故在楚汉之战中,刘邦长期处于不利地位。在项羽精锐部队的攻击下,刘邦屡遭失败,狼狈而逃。

然而,战争后期,形势逆转,项羽渐失优势,处处被动,最后被团团围困,突出重围后自杀于长江北岸的乌江。

开始屡屡败逃的刘邦,为什么反而取得了最终的胜利呢?这当然有许多原因,如供养问题,刘邦后方经营有方,兵源和物资有保障,故虽屡遭失败,却能很快得到补充。再者,从战略上看,苦心经营的包围圈也是一个重要原因,但这些都是次要的。对于取胜的主要原因,刘邦自己总结道:

> 夫运筹策帷帐之中,决胜于千里之外,吾不如子房。镇国家,抚百姓,给馈饷,不绝粮道,吾不如萧何。连百万之军,战必胜,攻必取,吾不如韩信。此三者,皆人杰也,吾能用之,此吾所以取天下也。

这里出现了三个人:张良,主要幕僚;萧何,丞相;韩信,大将军。这三个人在某些方面的才能,都高于刘邦,如统帅将兵,韩信可以说远胜于刘邦。但刘邦很好地集合了他们的力量,为夺取天下奠定了基础。因此,刘邦取得楚汉之战胜利的主要原因,是他善于使用人才。

宰相有宰相的事

一个国家、一个组织,都有各司其职的许多"领导",他们之间有适当的分工,相应地就有不同的职权,各部门之间也好,上下级之间也罢,彼此都有不同的业务、管辖范围和权限,高明的领导不会轻易越俎代庖,或做自己不该做的事。

汉文帝即位后,陈平和周勃分别任左右丞相。一次,他们一起上朝,文帝即兴问右丞相周勃:"天下一年决狱的有多少人?"

周勃被皇上这突然的问话怔住了,一时不知如何回答才好,但还是照直说:"不知道。"

皇上接着又问:"天下一年钱谷出入有多少?"

周勃还是摇头。他自愧不能应对,觉得很不自在,顿时汗流浃背,狼狈不堪。

文帝心中有些不乐,转脸再问左丞相陈平。

陈平却不假思索地回答说:"陛下要知决狱之事,就请问廷尉;要知钱谷之事,就请问治粟内史。"

文帝听后,略带愠怒地说:"既然各有主事之官,要你丞相何用?"

陈平见自己的回答有点得罪皇上,便俯首谢过,但随之还是朗声回答说："宰相者,上佐天子理阴阳,顺四时,下育万物之宜,外镇抚四夷诸侯,内亲附百姓,使卿大夫各得任其职焉。"

陈平的这一回答,不仅表明他头脑清楚,擅长辞令,而且充分说明他掌握了宰相治国理政的要领——总理大政,把握关键。看来他应该是一位称职的宰相,清楚地知道宰相有宰相的事。

文帝听到陈平的回答后,转怒为喜,连声称赞。周勃自叹不如,不久即称病辞相,丞相一职,就由陈平一人独任了。

老隶吏的梃杖

宋代时,御史台有一个年老的隶吏,向来以刚正不阿而出名。每当御史们有了过失,他就会把手中的梃杖直立起来,御史台里的官员们每每将他的梃杖直与否作为御史办事贤与不贤、得与不得的标志。

一天,御史台有个叫范讽的御史中丞要在御史台宴请客人,他亲自告诉厨师该如何准备饭菜,并且一连向厨师这样那样地吩咐了四遍。厨师刚走,他又叫回来,如此这般地叮咛告诫半天。回头一看,这位老隶吏的梃杖早已直立起来了。开始,范讽还觉得奇怪,忙问老人,他犯了什么过失。

老隶吏回答道:"大凡役使别人的人,都只制定章程,然后就命令别人去完成,如果他不照着章程办,自然有现成的刑法去处置他,哪里需要您在这里喋喋不休呢?假使御史中丞您做了宰相,要治理天下,难道能对全国每一个人都亲自去吩咐教导吗?"

范讽听了,十分惭愧,也十分佩服这位老隶吏。

这位老隶吏可真是一位当宰相的人才,可惜以隶吏的身份埋没了,没有人上书举荐,委以重任。

是啊,宰相不可能也不应该管太多、太细、太具体的事。一个单位、一个组织、一个公司、一个国家的运转,最重要的是靠制度、体制、规章、法令、纲纪、规则。高明的领导最主要的是抓"章程"大事,这叫抓"纲"举"目"。会不会当领导或者领导是否高明,重要的一点,就看他办事能不能办到点子上,抓不抓得住全局的、长远的、关键的东西。那种一天到晚做到事无巨细的领导,看起来忙忙碌碌,而且确实也很辛苦,但往往劳而无功,成不了大气候。

适度授权于人

在古代社会里为官者,大多数迷恋于权,有些甚至视权如命,或对部下不信任,或自视高明能干,于是大权小权全由自己独揽。

可是任何领导人,如果事无巨细都要亲自做决断,亲自过问处理,结果必然身心交瘁,精力不济。当然,领导人物也不能喜好安逸,占了其位不谋其职,心性懒散,不负责任,不管不问,对其职权放任自流。这样,领导者就会丧失权威,整个单位也会形成松弛浮夸的安逸风气。

因此,为官者最重要的职责是做到或做好适度授权,使其部下和周围同事对整个组织的职权都能分层分类负责,并充分调动部属的积极性。能不能做好适度授权,这是领导者有没有使将、用将之能,能不能掌握全局的重要标志,是领导人物高智高才和大将风度的重要表现,也是搞好本职工作的根本保证。

贞观四年(公元 630 年)的一天,唐太宗问重臣萧瑀:"隋文帝何如主也?"唐太宗时常以隋朝灭亡作为借鉴。东晋南渡以来,中国经历了长期南北对立的战乱年代,直至隋文帝统一南北创立隋朝。可以说,隋文帝在创业方面的才干、功绩并不亚于唐太宗。

萧瑀回答唐太宗说:

> (隋文帝)克己复礼,勤劳思政;每一坐朝,或至日昃;五品已上,引坐论事;宿卫之士,传飨而食;虽性非仁明,亦是励精之主。

这段话的意思是:隋文帝虽然算不上是一位仁慈贤明的天

子,但是他确实是一位励精图治的君主。

那么,这样的君主治理国家政事有何缺失?为什么隋王朝只传了两代就灭亡了呢?其中一个重要原因,用现在的话说,就是隋文帝犯了个人专权、"独裁老板"的毛病。

因此,唐太宗接过萧瑀的话说:

> 公知其一,未知其二。此人性至察而心不明。夫心暗则照有不通,至察则多疑于物。又欺孤儿寡妇以得天下(隋文帝杨坚的女儿是北周宣帝的皇后。宣帝死后,年甫8岁的静帝即位,由杨坚辅政,但他却篡位夺之),恒恐群臣内怀不服,不肯信任百司,每事皆自决断,虽则劳神苦形,未能尽合于理。朝臣既知其意,亦不敢直言;宰相以下,惟即承顺而已。朕意则不然,以天下之广,四海之众,千端万绪,须合变通,皆委百司商量,宰相筹画,于事稳便,方可奏行,岂得以一日万机,独断一人之虑也!且日断十事,五条不中,中者信善,其如不中者何?以日继月,乃至累年,乖谬既多,不亡何待?岂如广任贤良,高居深视,法令严肃,谁敢为非?

唐太宗此番高论隐含深刻的哲理,为官者不可不正视、不深思。文帝之失,是文帝心怀鬼胎,尤不肯授权授职于人,不信任和重用他人,事事独断专行,大权小权独揽独专。一个领导人日理万机,则难免忙中有错。如此日久,积弊渐多渐深,最后必招致家破人亡的命运。唐太宗作为一国之主,能清楚看到大权独揽、事事独行的严重危害,确是高明之见。于是,太宗对左右百官下令,"若诏敕颁下,有未稳便者,必须执奏,不得顺旨便即施行"。

太宗交代所有官员,如发现他颁下的圣旨有欠稳妥的,必须申述意见奏请皇上重新考虑,不得故意顺从旨意,将错就错去执行。太宗如此做,是要发挥部下们的积极性和创造性,集百官之智,用百官之力,这当然要比他一个人独断专行强多了。

一个组织、单位里,如果领导人独断专行,势必压抑部下的主动性和创造性,久之则人人无所事事,不负责任,敷衍了事,上下雷同,依样画葫芦,长此以往,其害无穷。事实上,在一个组织里,最珍贵的是大家以诚相待,坦陈己见,不随便附和,人人负责。如此,事无不成者。

沉迷酒色,丧志丧命

人人都想追求一些快乐和享受,领导人物也不例外,因为人的七情六欲都是大同小异的,并无太大差别,不管是贤者或愚者,高官或平民,在这方面基本上是相同的。但"贤者"与"愚者"在实际生活中是会有差别的,而所以有区别,是因为"贤者能节之,不使过度;愚者纵之,多至失所",如此而已。

当然,领导人物要成为对自己的情欲有所节制的"贤者",需要有更高的境界和意志,因为他们处于高官厚禄的地位,有权有势。正因为如此,这也是考验领导人物志向、毅力、素质的一个基本方面。如果一成为领导人物就沉醉酒色、游乐、享受之中,势必丧志丧业,久之将葬送事业和"江山",甚至付出生命的代价。

例如,古代有个纣王,他为人善辩,很聪明,行动敏捷,能很快把握事物的本质。他的智力高,臂力足以一举将野兽击毙。但是,他的聪明妨碍了忠臣谏言,因为他刚愎自用,骄傲无比,他的辩舌也经常用来掩饰其荒唐的所作所为。

在纣王看来,天下已经没有人能胜过他了,所以很快就沉湎于酒色淫乐之中,宠爱妲己,并成为凶残的暴君。他命令乐师作北里之舞、靡靡之乐。他让人在池子里倒满了酒,在树木上挂满了肉,而且让裸女奔跑于酒池肉林中,天天沉迷于酒色。他在宫殿里囤积许多金银财宝,仓库里五谷满溢,在广大的离宫里饲养珍奇鸟兽,俨然成为一个乐园。他还将不染淫乐的嫔妃杀死,并杀死了她父亲。他远离三位经常进谏的老臣,甚至对谏臣比干说:"听说圣人的内脏有七个孔,你挖出来给我看看吧。"这样,就活生生地解剖了比干。

不久,殷周决战,纣王战败自尽。

　　楚国贵族春申君也因自己沉醉于女色而丧命。起初，春申君为楚考烈王没有儿子而担心，于是就物色了一批会生孩子的女人。门客李园的妹妹正是其中之一。李妹姿色十分迷人，春申君十分喜欢她，便留了下来纳为妾，不久就怀孕了。李园得知妹妹怀孕后便和其商议了一个计谋。

　　"请你把我送给楚王！"李妹对春申君说。

　　"你不喜欢我吗？"

　　"怎么会呢？"

　　"那你为何要这样说呢？"

　　"如果我到了楚王那里，实际上意味着你的孩子将成为下一代的君主，你把我送给楚王，但我还是属于你的呀。"

　　不久，春申君果真把她送给楚王，很快生了男孩，也就是后来的楚幽王。生了孩子后，李园兄妹怕春申君泄露机密，想寻找机会刺杀他。

　　后来，楚王患了重病，恐不久于人世了。一天，一位官员告诉春申君李园兄妹将会刺杀他。但春申君说："岂有此理，李园他们不会这样做的。"

　　过了不久，楚王逝世，李园便差使刺客刺杀了春申君，并将其全家人都杀了。春申君沉醉于女色而丧失了判断力，相信那种会给自己带来灾祸的小人，结果付出了全家人的性命。

　　领导人对自己的行为不检点，往往会乐极生悲。

据《春秋》记载：齐国大臣崔杼的夫人，是绝世美人。齐庄公被她的美色所迷惑，于是，就经常出入她的房间。有一天，齐庄公又来找崔夫人，崔杼刚好在家，崔杼的家臣们早已有所准备，要攻击庄公。庄公见情不妙，就迅速逃入崔夫人的房间躲避，却看到崔杼正在房间内。庄公只好向崔杼讨饶哀求："给你一半国家，请不要杀了我。"

崔杼不答应，庄公又求他："让我在祖宗灵位前自杀吧？"

但崔杼仍不予理会，庄公不得已只好趁崔杼不注意时拔腿就往外跑，当他要翻过围墙时，被崔杼一箭射中大腿，血流不止，最后被崔杼的家臣们杀死了。

《韩非子》里也有一个例子。郑国的国君本来早已立了太子，但他宠爱的美女又给他生了一个儿子。由于迷恋女色，郑君想要将原配夫人生的太子废掉，改由美女生的这个儿子来继任。结果，这件事被原配夫人发现了，于是就设计把郑君毒死了。

这样的例子可以说举不胜举。领导者切不可稍一得志、稍一胜利就得意忘形，丧失斗志，追求或沉湎于享乐之中。沉醉于酒色会丧志丧命，而一味追求虚荣心、贪图享受，或者挥霍无度、摆阔气，生活不自我节制，也会在不知不觉中堕入深渊无法自拔。有些公司老板一得志就讲排场，乘车要坐高级进口轿车，住宿要住高级宾馆酒店，办公室布置得富丽堂皇，穿戴十分讲究显摆，如此奢侈靡丽，迟早会大祸临头。

雄心奋发，励精图治

作为领导人物，任何时候都应有雄姿英发、奋发有为、积极向上的精神风貌，用自己良好的精神风貌去感召、吸引和凝聚部属。萎靡不振的精神风貌、消极悲观的心理状态，是领导人物的一大禁忌。领导人物之所以有一种非凡的气质，之所以是力量和希望的象征，之所以有吸引人的魅力，重要原因之一就是他们始终有勇往直前、不屈不挠、乐观豁达、积极向上的精神状态。

唐朝建立不久就发生了"玄武门之变"，这同唐高祖李渊沉湎享乐、无所事事、不励精图治的消极精神状态有关系。

李渊称帝之初，全国上下正处于百废待举、万事草创的困境之中，此时的李渊尚能拨乱反正，敢作敢为，承袭隋朝典章制度，制定"与民休息"的经济政策。同时依靠儿子李世民的雄才大略，逐渐削平各地的割据势力，很快完成统一大业。武德前期，李渊尚以亡隋为戒，虚心求谏，慎心治国。正如他自己所说：

> 隋为无道，主骄于上，臣谄于下，下上蔽蒙，至身死匹夫手，宁不痛哉！我今不然，平乱责武臣，守成责儒

臣，程能付事，以佐不逮，虚心尽下，冀闻嘉言。

但是，待统治局面渐趋稳定后，他生活上就开始贪图享乐，政治上则暮气渐重。特别是到了武德后期，他被众多嫔妃所包围，轻信宠妃的谗言，政事委之裴寂。他曾令贵妃们携带珍馔、宝器来到裴寂宅第，"宴乐极欢，经宿而去"。武德六年（公元623年），他任命裴寂为尚书左仆射，并赐宴于含章殿。对裴寂竟然说了这样的话："公为台司，我为太上，逍遥一代，岂不快哉！"

由此可见，李渊已丧失了当年奋发向上的锐气，只想逍遥享乐。这样一种消沉的精神状态，自然是不可能继续处理好军国庶事的了。与此同时，他几个儿子之间争夺皇位的斗争也愈演愈烈，但他却无能为力，直至发生了"玄武门之变"。

不过，李渊还算是有自知之明。玄武门之变后，儿子李世民既已扫灭政敌，他就很快把皇位让给了世民，自己则退出政治舞台，基本上不再干预政治，直至贞观九年（公元635年）逝世。这样做是十分明智的。

至于年仅二十九岁的唐太宗李世民，固然野心勃勃，但他那种雄心奋发、积极进取、励精图治、朝气蓬勃的精神状态，不仅对他夺取皇位、成就一番大事业有着重要的作用，对唐王朝的巩固和发展也有深远的影响。

第四章　将有将器

所谓"将有将器"，就是领导人物应该有领导人物的气度。俗话说，宰相肚里能撑船，就是形容领导人物应该有如同大江大河那样宽广的胸怀和气度。

领导人物应该比一般人有更宽更广的气量和心胸，因为他必须能容得下被他所领导的人才能去领导别人；官职越大的领导人物，其心胸和气量也应该越大，因为他要容得下的人更多。领导人物要有将帅之才，更要有将帅之器。因为，领导人物要把各种各样的人才吸引过来，团结起来，调动他们的积极性和创造性，才能成就大事业，而要做到这一点，就必须要有天空和海洋那样的宏大气量和宽厚之心。这种心胸和气量正是将帅之器，正是领导人物"将将"——领导各种各样的人物的根本。一个领导人物如果没有或缺乏宽以待人、豁达大度的胸怀，容不得人，容不得事，这也看不惯，那也看不惯，这也不行，那也不好，心胸狭隘，待人尖刻而不宽厚,专爱"鸡蛋里面挑骨头",听不得不同意见,容不得批评指责,大权小权独揽,不信任、不尊重部下,自以为是,高高在上,主观武断,骄横高傲,等等,那就是缺乏"将器",自然不可能"将将",更不可能成为高明的领导人。

从一定意义上讲,领导人物之所以是领导人物,领导人物之所以能得到部下的信赖和服从,一个重要的原因,就在于他们有宽宏的气量。因此大凡杰出的领导人物,都有宽宏的气量和豁达的胸襟。身为伟大的领导人物而没有或缺乏宽宏的气量,当然是不可想象的。

没有气量就当不了领导;心胸狭隘的人成不了大气候,办不了大事业,也就当不了大领导。因此,做领导的人应注重气量上的修养。

豁达大度的刘邦

刘邦同众人在沛县揭竿而起,开始他并不想当义军的首领,但众望所归,在众人的极力相劝下勉强做了义军的首领,这说明刘邦有"将将"之能,众人乐意推举其为首领。

老子把领导分为四个等级:"太上下知有之,其次亲而誉之,其次畏之,其次侮之。"

所谓四流领导,即常被部下所愚弄的领导,这类人社会上非常多，他们根本不是做领导的料；三流领导令部下生畏，老子认为他们也没有什么本事；二流领导能得到部下的爱戴，这类人很不简单；一流领导——"太上下知有之"，所谓"下知有之"，是指部下只知道领导的存在，而领导也只掌握关键脉络，具体的工作则由部下自行发挥，因而上下关系融洽，各得其所。

按老子的观点，刘邦可算得上是第一流的领导，具体说来，刘邦在用人方面有两个特点。

第一，常常倾听部下的意见。他几乎不下什么指示或命令，一旦出现了什么问题，或遇到了什么麻烦，就会征求部下的建议，待部下踊跃献策后，就拍板定案。部下的意见被采纳后，因为是自己出的主意，因而使他们有一种责任感，并努力使之成功，这样就调动了部下的积极性。

第二，成功之后给部下以重奖重赏。战斗胜利后，刘邦自己对缴获的战利品分文不取，全部分发给立功的官兵将士。这就促使部下们信服他，并努力发挥作战的积极性，为其尽心尽力。

《史记》的作者司马迁，曾经这样评价过刘邦："常有大度""意豁如"，也就是说刘邦是个豁达大度、心胸坦荡的人。

胸怀宽阔的领导，表面上看起来，不紧不慢，不急不躁，但往往胸中有数，有智有谋，能够把部属团结起来，调动下级的积极性，这简直是"大智若愚"了。那些心胸狭窄、尖刻浅薄、斤斤计较、自以为是、唯利是图的领导，自然是很难容人、也很难发挥部下的积极性的。

容人小过，必有回报

人人都会有过失。对人之过，领导人物往往心胸广阔，气量宏大，能从大处着手，不斤斤计较部下的小过小失。作为领导，容人小过不一定是指望着有回报，但作为有过之人，则会心怀感恩之心，伺机回报。

袁盎担任吴王刘濞的相国时，他的一个从史居然与他的婢女私通。袁盎知道后，倒也不太生气，就没有把此私情泄露出去。但有人却说了些话吓唬那个从史。从史觉得大难临头，吓得逃跑了。袁盎很快得知，并亲自去把他追了回来，竟然还将那位婢女赐给了他，对他仍像过去一样。后来，袁盎调迁异地，这位从史仍在吴国生活。

汉景帝时，袁盎入朝担任了太常之官。一次奉命出使吴国，吴王当时正在谋划反叛朝廷，见袁盎不肯附从，便想杀掉他，于是派五百人包围了袁盎的住所。恰好那个从史在围守袁盎的部队里担任校尉司马，他就想出计谋救袁盎以报前恩。他买来二石好酒，请兵卒们开怀畅饮。士兵们一个个喝得酩酊大醉，瘫倒在地。当晚，这位从史悄悄走进了袁盎的卧室,将他叫醒,告诉他说:"你要赶快离开这里,天一亮吴王就会将你斩首。"

袁盎有点不相信,反问道:"你是谁,你为什么要救我?"

校尉司马对他说:"我就是以前那个偷了你的婢女的从史呀!"

于是袁盎大惊,赶快逃离吴国,脱了险。

五代时梁朝有位高官名叫葛从周。一次,他与他所宠爱的美姬一起饮酒,有个在葛从周身边侍卫的小兵一直目不转睛地盯着美姬,葛从周几次问他话,他都答不上来。他自觉失态,心里十分惶恐,害怕葛从周会惩罚他。但是葛从周并没有说什么。

后来,葛从周同敌军交战,战事即将失利。葛从周忽出一计,大声呼喊这个小兵的名字,命他去奋勇迎敌。这个小兵果真英勇战斗,率人搅乱了敌人的阵脚,从而奠定了胜局。

凯旋后,葛从周就将那个美姬赐给他做妻子。

唐玄宗时有位大臣叫张说。张说有个门生曾与他十分宠爱的婢女私通,张说知道后想依法从速处置他。但出乎意料的是,这个门生居然大声惊呼:"难道相公就没有情况紧急、需要用人的时候吗? 何必舍不得一个奴婢呢?"

张说听了此门生的话,心中暗暗称奇,于是将那个婢女赐给了他,并且打发他走了。从此这个门生远走高飞,杳无音讯。

后来，张说在朝廷遭到姚崇的陷害，生死未卜。有天晚上那个门生突然来访，劝张说拿出一幅夜明帘，由他去献给九公主，并如此这般地谋划了好一阵子。张说依计而行，九公主果然在玄宗面前为张说求情，张说才免于遭祸。

宋朝有个名将郭进，他在任西山巡检时，有个军校到朝廷控告他，宋太祖于是召见此人，经多方审讯后知道是诬告，就将他押送回西山，交到郭进手里，让其亲手杀了他。

这时正好遇上敌人入侵，郭进对他说："你竟敢诬告我，确实还有点胆量。现在我赦免你的罪过，送你到战场上去。如果你能出其不意，消灭敌人，我将向朝廷推荐你。如果你被打败了，就自己去投河，免得弄脏了我的剑。"

后来，那个军校在战斗中果然奋不顾身，英勇杀敌，居然打了个大胜仗。于是，郭进不计前仇，痛快地向朝廷推荐了他，使他得到了提升。

大凡杰出领导人物，都有宽阔的心胸，能容人之过。当然，这种"过"不能是大是大非的原则性之"过"，而且，这种"过"往往涉及领导者本身。郭进赦免诬告他的那个人的罪过，按理说这种"过"应依法处置，但此"过"涉及郭进本人，且给人一个悔过立功的机会，对郭进和那个诬告者以及国家都有好处，容此"过"也就未尝不可了。

同郭进不杀仇人相比，丞相丙吉容车夫之过，就更是合情合理了。

丙吉是汉宣帝的丞相。他的车夫喜好喝酒,喝醉了其行为就常常很不检点。有一次,他驾车随丙吉外出,酒醉后呕吐到丙吉的车上,相府的主管骂了车夫一顿并想辞退他。丙吉却说:"他如果因为喝醉失事而遭到辞退,还有哪里会收容他呢? 且忍忍吧,不过是把车上的垫褥弄脏罢了。"于是仍然留他作车夫。

这个车夫家在边疆,经常了解边疆发生紧急军务的情况。有天出门,恰好看见驿站骑手拿着红白两色的布袋,将边境的紧急文书送来。他从旁探听,得知敌人已入侵云中等地,于是马上回到相府,将情况告诉了丙吉,并说:"恐怕敌人所侵犯的边郡中,有些太守已经又老又病,无法胜任用兵打仗的事了,丞相最好预先查看一下。"

丙吉认为他说得有些道理,就召来负责高级官吏任免事宜的官员,查阅边境各郡县官员的档案,对他们都进行逐一审查。不久,汉宣帝召见丞相和御史大夫,询问敌人所入侵的郡县官员的情况,丙吉一一作了答复。御史大夫则仓促间无言禀告,十分窘迫,只得降职让贤,而丙吉则以时时忧虑边疆、忠于职守被称道。当然,这很大一部分要归功于车夫的提醒。

有人评论道,容忍别人的小过小失,他必将以自己的一技之长来酬答;宽待自己的仇人,他必将会以死来相报。这是因为他们要报答恩人的感情激荡在胸中,铭记在心里,有机会就会将自己的长处、才干发挥出来。虽然并不是人人都能知恩并以实际行动相报,但容人小过,一般会有善果,而且作为领导人物来说,容人小过是应具备的素质和态度。

只听一人之言必成孤家寡人

秦始皇创立的秦王朝只传二世就灭亡了,其中原因很多,但主要原因在于秦二世只听赵高一人之言而误了天下大事。

秦二世即位时才二十岁,治国理政经验自然不丰富,需要虚心听取左右大臣的意见才是。但是,秦二世却只对赵高言听计从,委派他出任郎中令,后又让他出任丞相的高职。

秦二世即位后,心里一直担心人民会对他不服,于是便效法始皇帝的做法,巡行郡县,以巩固政权,欲使天下人都能服从于他。开始,秦二世也想到,如果只重用赵高一人,大臣们对他就不会心服,官吏们有可能叛变,诸公子也可能会争夺权位。于是,他去问赵高:"这该如何是好呢?"

赵高一听,马上狡猾地向二世建议说:"现在讲道德、仁慈是没有任何用处的,必须使用强大的武力,加以严厉镇压。在这种局势下,陛下不可再迟疑了……"他继续献计说:"趁着巡行全国的机会,调查各郡县的守尉,一发现有罪,立刻加以诛杀,如此做,不但可以扬威天下,更可以借此除去陛下您讨厌的臣下。"

结果,许多大臣和公子都被诛杀,加上连坐法的实施,朝廷议事时已经没有什么大臣可以列席了。从此帝室族人深为恐惧,大臣们更怕因进谏而被诬为诽谤罪,受到严酷的惩罚,已经没有人再敢开口进谏了。

后来,当陈胜、吴广号召起义抗秦时,各地纷纷响应,加入了抗秦的行列。赵高却仍欺骗二世说,之所以会发生叛乱,臣僚们也图谋不轨,乃是因为先帝在位时间久,所以大臣们才不敢胡作非为,而陛下年轻,经验不足,在群臣朝议下,难免会判断错误,从而将陛下的缺点暴露出来。因此,陛下您应该深居宫里,由微臣等人在一旁辅佐就可以了。

自此之后,大臣公卿就很少见到二世的面了,一切政事皆由赵高独断,并且原来的丞相李斯也被杀了。当时,有一位官员说:"秦朝只要有赵高在,立了功是死,没有功也一样是死。"一时间,各地官吏和将士纷纷谋反或干脆投降诸侯。最后,连秦二世本人也被赵高逼死了。秦王朝很快就灭亡了。

由此看来,秦朝的迅速灭亡和秦二世的悲剧,一个不可忽视的原因,正在于听信谗言,只听赵高一人之言,而且又是奸臣之言,把忠臣进谏的路子堵死了。"策不从,则谋士叛。"即使暂时不反不叛,久而久之,还是会众叛亲离,成为孤家寡人,不但断送天下大业,甚至连自己性命也保不住。

作为领导人物,千万不可只听一人之言、之计,而要广泛听取不同的意见和建议。只有了解和掌握的情况多了,才能做出较正确可靠的决策;只有集中多数人的智慧,发挥多数人的才干,才能做好领导工作,领导者本人才能为多数人拥护和信服。

唐太宗作诗悼谏臣

雄才大略而从谏如流、位及人主而兼听纳下的唐太宗李世民,可以说是我国历史上的杰出领导人物。他虚心纳谏的胆识和气度,真是历史上少有。

贞观年间,由于唐太宗兼听纳下,又"恐人不谏,常导之使言",积极倡导和奖赏进谏,谏净可谓蔚然成风。当时犯颜直谏、面折廷争的事例屡见不鲜。上自宰相御史,下至县官小吏,旧部新进,甚至宫廷嫔妃,都有人敢于直言切谏。

贞观一代,可谓谏臣济济,其中最著名的当首推魏徵。历史上称他"雅有经国之才,性又抗直,无所屈挠"。唐太宗即位没几年,魏徵所呈谏的事就多达二百余件,深得太宗赞扬。魏徵敢于直言,据理力争,有时居然不给唐太宗留半点情面,把唐太宗弄得很尴尬,下不了台。据说,有一年的冬

唐太宗

天,唐太宗正在玩耍一只漂亮的鹞鸟,忽然间望见魏徵远远而来,于是赶紧把鸟儿藏在怀里,唯恐被魏徵发现后又招来批评意见。魏徵奏事时间很长,唐太宗只好静听下去,最后那只鹞鸟竟被活活闷死在衣怀里了。

当然,作为位居尊极的天子、叱咤风云的一代雄杰,唐太宗有时难免也会发一点火。据说贞观六年(公元 632 年)三月的一天,罢朝后太宗大骂道:"会须杀此田舍翁。"皇后长孙氏听后吓了一跳,忙问他对谁发怒,太宗答:"魏徵每廷辱我。"皇后听后却道贺说:"妾闻主明臣直,今魏徵直,由陛下之明故也。妾敢不贺!"

皇后既肯定了魏徵的刚直,更颂扬了太宗的英明,说得甚妙。太宗一听,转怒为喜。

贞观十七年(公元 643 年)正月,魏徵因病逝世,终年 64 岁。听到噩耗,太宗悲痛万分。他深切而难过地说:

夫以铜为镜,可以正衣冠;以古为镜,可以知兴替;以人为镜,可以明得失。朕常保此三镜,以防己过。今魏徵殂逝,遂亡一镜矣。

随后,他颁布诏令,号召臣僚们以魏徵为榜样,做到直言无隐。唐太宗还特地亲自登上凌烟阁,默默地对着魏徵的遗像,情不自禁地作了一首诗:

劲筱逢霜摧美质,

台星失位夭良臣。

唯当掩泣云台上,

空对余形无复人。

唐太宗以这首诗,深深地表达了自己对谏臣的无限哀思和悼念之情。

谏臣们的勇气与胆量是可敬可佩的,而唐太宗的见识和气度尤其值得称赞。皇帝拥有至高无上的地位和权力,批评皇帝就是"犯龙鳞"。为什么唐太宗一朝有那么多人敢"犯龙鳞"呢?关键在于唐太宗虚心求谏,诚意纳谏。正如魏徵所说:"陛下导臣使言,臣所以敢言。若陛下不受臣言,臣亦何敢犯龙鳞、触忌讳也?"

是的,如果唐太宗专横跋扈,没有虚怀若谷的度量,听不得半点不同意见,那么,谁还敢进言?像魏徵这种敢犯颜进谏的人,恐怕早已成为阶下囚刀下鬼了。

勇于检点过错

人人都有尊严和荣誉感。因此,大多数人都很难在众人面前主动而公开地承认自己的错误,只有那些大智大勇、有自知之明和宽阔心胸的人,才敢公开承认与改正错误。对于位居尊极的帝王和高层领导来说,要在臣下或部属面前公开检点过错,的确是不太容易的事。这不但要有自知之明,还要有良好的自我修养和豁达的气量。地位越高的领导,能常检点自己的过错,就越能使人信服,其领导风度和魅力也就越耀眼。唐太宗勇于检点过错的故事,早已成为中华民族的千古美谈。

据说,武德九年(公元 626 年),简点使要外出征兵了,大臣封德彝建议:把 18 岁至 20 岁的中男,也列入征兵的范围。大臣魏徵认为这样做不行。唐太宗生气了,下令说:凡是中男身体粗壮的,都可以列入征兵范围。但是,魏徵还是坚决反对,不肯签署敕令。太宗问他为什么如此固执?魏徵严肃地说:如果把中男尽点入军,那么他们的田地由谁耕种呢?国家又从哪里取得租赋杂徭呢?魏徵似乎也动起火来,他紧接着一口气历数了太宗即位以来三件失信于民的大事。

太宗听后很惊愕，但随后却郑重地检讨起来，并说："我不寻思，过亦深矣。往事往往如此错失，若为致理？"于是，听从魏徵的意见，撤销了"简点中男入军"的动议。

后来，唐太宗还主动回顾总结自己即位以来的决策情况，并恳切地说："每商量处置，或时有乖疏，得人谏诤，方始觉悟。若无忠谏者为说，何由行得好事？"看来，太宗不以一贯正确自居，而是公开承认自己的错误不少，只是别人提出后方才觉悟，把事情办好。所以，他鼓励大臣们"每见有不是事，宜极言切谏，令有所裨益也"。他常把治国安邦的功劳归给自己的臣属，说："朕虽不明，幸诸公数相匡救，冀凭直言鲠议，致天下太平。"

唐太宗还有引咎自责、自觉守法的故事。

他对广州都督党仁弘案件的处理，就是一个典型的例子。党仁弘在职时勾结豪强，受贿贪赃，又擅自赋敛，被人告发，按法当死，太宗怜其年老，又念其是元从功臣，就从宽发落，贬为庶人。这就触犯了司法尊严。太宗自知此举是"弄法以负天"，不可开此先例，于是"请罪于天"，房玄龄等大臣再三劝阻，并说太宗"宽仁弘不以私而以功，何罪之请"。但他还是下了罪己手诏，说自己有三罪，即知人不明、以私乱法、未能善赏恶诛，以罪己来维护法律的尊严，这在帝王中实在是极为少见。有时大臣们还把社会上出现的不良时弊归罪于太宗，要他承担主要责任，并带头"正身"，他也常"深嘉而纳用",真可谓不失豁达大度的领导风范。

明君兼听,暗君偏信

领导人物一般天资较高,加之有职有权有威,容易过分地自信和武断,有的可能会自以为是,目中无人;另一方面,他们身边常有一些阿谀逢迎、吹牛拍马之徒;同时,由于种种原因,不少部属对领导上司常不坦诚直言,而是唯唯诺诺,低三下四。如此一来,领导就会看不见、听不到真实、全面的情况,严重时就如同耳聋眼瞎,失误必然难以避免。个人的挫折、事业的失败,乃至国家的衰亡,大都肇因于此。

唐太宗李世民之所以被后人称为一代明君,治国有方,政绩卓著,在很大程度上要归功于他的"兼听则明"。唐太宗与群臣之间讨论治国理政之策,彼此都以坦率之情陈述国事意见,几乎没有一个人口是心非,阳奉阴违。朝廷君臣间有如此良好关系,可以说是由于太宗公正不偏、该听则听、该改即改的海量风度而培育出来的。

听不到任何逆耳净言的君王,听不进任何批评意见的领导,就会变得老而愚、固且盲,难免误事误人。一国之主如此,任何机构和组织的负责人同样如此。俗话说,站得高看得远。这个"高"理解为志气高、理想高、风度高,当然看得就多就远,但如果理解为职位"高",那就不尽然了。一个人一旦掌握了权力,其实很容易被蒙蔽视听,或者不知不觉之中只肯接受单方面的消息和情况,久而久之就会陷入堕落、昏暗、盲从的境地,最后就可能走到失败、灭亡的地步。唐太宗深知这个道理,所以尽可能搜集各方面的情报,听取各方面的意见,不但非常敏感,而且格外谨慎。

魏徵

贞观二年(公元 628 年)的一天,太宗问魏徵说:"何谓为明君暗君?"太宗作为一国之君主,能提出"明君"与"暗君"这个问题,可见他常常告诫自己,以防成为"暗君"。不管是历史上也好还是现在也罢,都有明君,也有暗君;有贤明的元首,也有昏庸的总统;有聪明的领导,也有愚蠢的首脑。何以有明君和暗君之分? 原因很多,但重要的一个原因正

如魏徵所说的："君之所以明者，兼听也；其所以暗者，偏
信也。"

所谓"兼听"，就是洗耳恭听多数人客观、公正、坦率的
意见，虚心听取各种人和各个方面的看法，而且如果意见是
适当而合理的、有可取之处的就要予以采纳。所谓"偏信"，
就是只偏颇信赖某一个人、某一些人或某一方面的意见，不
听取、采纳其他人的见解，甚至不管这些意见是否真实可靠
或合理与否就加以采纳。兼听有何好处？魏徵对太宗说：

> 人君兼听纳下，则贵臣不得壅蔽，而下情必得上
> 通也。

所谓"壅蔽"，即隔绝、蒙蔽之意，上下左右不通也，轻者误
事，重者则亡国。"壅蔽伤国"是贾谊在《过秦论》中总结秦
朝自取灭亡的一个重要原因。贾谊认为，秦始皇刚愎自用，
从不征询他人意见，政事已经出现差错也不知道加以纠正。
秦二世继位后，不仅因袭不改，反而更加残暴，这就加重了
祸乱。子婴孤立无亲，危弱无辅。秦朝三位君主迷惑终身
都没有觉悟，灭亡难道不理所当然吗！就当时而论，他们手
下也不是没有深谋远虑、通权达变的人，然而，他们不敢尽
心竭力地清除过失，其原因就在于秦的习俗有许多禁忌避
讳的地方，往往忠言还没有说完，就遭了杀身之祸。所以，
天下之士只是侧着耳朵听着，并拢双足站着，闭口不言。因
此，秦朝三位君主丧失大道，忠臣不敢进谏，智士不为设谋。

天下已经混乱,地方上的叛乱却报告不上来。这难道不可悲吗!而周代的统治则长久得多,因为周代先王都知道,下情不能上达会损害国家的利益,所以设置公卿、大夫、士,以整治法令颁布刑律,天下由此得到治理。贾谊用这两例历史事实,告诫汉初统治者要以秦为鉴,不要自我封闭,要明察兴衰之理,畅通言论,以免"壅蔽伤国"。

帝王将相治理国家是这样,任何一个单位的领导处理事情也同样如此。身为一个领导,制定决策、处理问题时,必须根据各个方面的情况做综合的研究和判断,而不可只依凭单方面的、零星的、片面的信息来做决断。这就要求领导者要广泛地、全面地"兼听"。

此外,"兼听"还特别需要听那些刺耳的"忠言"。古话说,忠言逆耳。包括领导人物在内,一般人都乐意听"顺言",批评的或者同自己观点不一致的意见,往往"难听"。但坦诚正直的批评性意见,也许有更多的真理成分,对领导思考问题有更多的价值。

同时,高明的领导还应有海量听不怀好意的"谏言",甚至恶意的意见也能善听,从中发现有益的参考价值。

"兼听"还必须注意排除"噪声"——毫无价值的"迎合"意见。如果兼听的对象完全是身边唯唯诺诺、唯命是从的那批人,那兼听与偏信也就没有什么两样了。

唐太宗重用政敌之臣

　　心胸狭隘的领导很少重用他人，更不用说重用自己原来对手的部属了。唐太宗李世民可谓心胸宽阔、气度海量无比的了，他的事业之所以成功，同他重用原来政敌之臣有直接关系。

　　自平定隋末战乱起，至玄武门之变止，是唐太宗的创业时期；此后便是他统治大唐天下，维持安定的守成时期。玄武门之变后，唐太宗得到了两个难得的人才，一个是魏徵，另一个是王珪。

　　魏徵原为太子李建成的洗马，他见李世民与太子李建成之间相互争权夺位，就常为李建成献计策，劝李建成早做准备。李建成被李世民诛杀后，一次李世民召魏徵来责问：你为什么要挑拨离间我们兄弟之间的关系？大家都为此感到危惧，但魏徵却沉着冷静、慷慨自若，从容地对唐太宗说：如果太子李建成听臣所言，也就不会有今日之祸了。听了这话，唐太宗为之敛容，不但不再责怪，而且还厚加礼遇，提升其为谏议大夫，数次引入自己卧室内商议治国理政之策。

　　王珪也是李建成手下的一个官员，曾甚为李建成礼遇，后也被唐太宗召擢为谏议大夫。

魏徵和王珪都曾是李建成最忠实、最敢言的部下,如今却被李世民收为自己的谏议大夫。这充分反映了唐太宗的领导风格和宽阔胸怀。大凡杰出的领导人,都该有这种度量和涵养。

领导人对曾经背叛过他的人或是那些态度模棱两可的骑墙派人物,也许可以用怀柔的方式,施点小恩小惠的方式加以利用,但绝不可加以信赖和重用。然而,对于那些忠心耿耿的人,哪怕曾经是自己敌人的部下,却一般可与之建立互信的关系,予以适当的重用。因为这种人可以成为值得放心、值得依赖的僚属。尽管从感情上讲要接受和重用一个曾经要策划对抗甚至谋杀自己的家伙,是难以心甘情愿的,但从理智上讲或从现实方面来看,则可以将这些人纳为自己的部属。高明的领导人实在应该有这种宏量。

身为领导者有了这种海量和气度,才能让人口服心服,充分调动周围人的积极性并为之尽心效力。

唐太宗认为,像魏徵和王珪这样的人,虽然曾是敌人的重要臣僚,但他们本人实属忠诚之士,起用他们对事业有利。有一次,唐太宗在九成宫宴请近臣,长孙无忌感慨地说:王珪、魏徵过去辅助建成,我们见了就有仇,没想到还有同席赴宴的一天? 唐太宗说:

> 魏徵往者,实我所仇。但其尽心所事,有足嘉者;朕能擢而用之,何惭古烈,徵每犯颜切谏,不许我为非,

我所以重之也。

唐太宗还对魏徵说：

卿（指魏徵）罪重于中钩，我任卿逾于管仲，近代君
臣相得，宁有似我于卿者乎！

唐太宗把自己重用魏徵同当年齐桓公重用管仲相提并论，
说明这样做的正确性。

齐襄公无道，政治混乱。因此，管仲辅佐公子跑到鲁
国，他的挚友鲍叔牙则辅佐公子小白跑到莒国。后来，齐襄
公被堂弟公孙无知弑杀夺位，而后者也于次年被杀，一时齐
国无君。听闻消息后，两位公子急忙赶回齐国，想要继承国
君之位。管仲打听到公子小白先出发的，于是率兵半路截
击，射中小白衣带钩，小白装死，骗过管仲。最终小白先于
公子纠回到国都，登上君位，并打败了支持公子纠的鲁国。
公子纠和管仲等人逃回鲁国后，齐国威迫鲁国杀死公子纠，
交出管仲。管仲被交给小白后，小白想把他马上杀掉，这时
鲍叔牙却说："主君如果想称霸天下，就不可杀掉管仲，因为
除了他之外，已经没有任何人可以帮助你达到心愿。"

桓公接受了鲍叔牙的建议，不但没有杀管仲，反而重用
他。后来管仲还担任齐桓公的高级长官"卿"，施行富国强
兵之策，使齐桓公纠合诸侯，驱逐夷狄，称霸天下。

管仲原来是公子纠的部下，后来仕于桓公，在政治上建

立了辉煌的业绩。太宗将自己与魏徵的关系，比拟为如同桓公与管仲的关系，是很有道理的。

贞观十年（公元636年），有一位嫉恨魏徵的权贵想挑拨唐太宗与魏徵的关系，对太宗说："魏徵每次谏诤，唠叨不休，非得陛下听从才肯罢休。这岂非视皇上如童子，莫非他认为皇上不够英明吗？这实在太不应该了。"

太宗的回答，令这位权贵无言以对。太宗说："朕生为隋朝高官的子弟，自少不修学问，但好弓马之术。至隋末举义兵，立大功，受封为秦王，承蒙先皇爱顾，终以一介武夫成大业。对于治国的原则与政策，未尝研究，甚至毫无了解，因此必须虚心听取谏言，才不致误了朝政，我希望左右贤臣都能随时提出谏言。"

还有一次，有人密告魏徵有谋反之意。太宗却说："魏徵从前是我的仇敌，只因他忠于所事，所以提拔任用他。为什么要妄生谗构！"唐太宗知道这个密告不实，也就不查问魏徵，立刻下诏处死了这个告密者。

俗话说，用人之道在于疑而不用，用而不疑。太宗对魏徵等贤臣就是"用而不疑"，十分信任部下。魏徵之所以获得太宗如此信任，主要是因为他忠于所事，向来都坦率直言。逢迎奉承的人，很难让人看出他内心的真实想法，而忠贞直言、不会奉承拍马的人，才是真正值得信赖的。

不过，魏徵去世后，太宗曾怀疑魏徵的贡献，推倒了自己为魏徵所写的墓碑,直到太宗远征高丽后,才又怀念魏徵,感慨地说:"魏徵若在,我怎么会有此行!"于是命人重建墓碑。太宗一时执迷,但他知错即改,实在难得啊。

唐太宗奖励言过其实的皇甫德参

唐太宗作为一代明君,在对待部下和听取谏言方面,是很有气量的,但他毕竟也是凡人,遇到属下不客气的或言过其实的直谏,难免也会生气,这是人之常情。可贵的是太宗生气之后还能自我反省,而且错了能切实改正。这是他事业成功的关键原因之一。

贞观八年(公元 634 年),中牟(今河南省中牟县)县丞皇甫德参上书,忤逆了太宗。太宗十分生气地告诉房玄龄说:"皇甫德参上言,说我修洛阳宫殿,是劳民伤财;收地租,是厚敛贪求;连民间流行的高髻发型,也是受到宫中风气的影响。难道德参要国家不役一人、不收一租,宫人皆无发吗?"

太宗认为德参上书的内容言过其实了,简直可以说是故意诽谤,有违官吏职责,因此意欲问罪。

谏臣魏徵知道后,马上向太宗进言说:"从前贾谊上书汉文帝,说是'可为痛哭者一,可为长叹息者六'。自古上书,多半言辞激切,若不激切,则不能感动人主之心。激切即似讪谤,请陛下再详究实情好吗?"

魏徵请求太宗详加检讨德参上书的内容是否在一定程度上符合实际后,再予定罪。太宗听后,恍然若有所悟,于是对魏徵说:"只有你才能对我晓以大义!我若怪罪此人,以后谁敢再说话呀!"

这样,唐太宗不但没有给皇甫德参加罪,而且还下令赐给他绢帛二十匹,以示奖励。

太宗这种做法,的确让人钦佩。当然,也许有的人会不以为然,甚至认为这有损帝王的尊严。不错,帝王有帝王的尊严,一个单位里,不论是第一把手还是处长、科长,也各有各的威信和尊严。但是,尊严不等于对人尖刻、胸襟狭窄。像唐太宗这样尊重他人、宽宏大度、知错即改,恰恰更能让人钦佩和尊重。

忍小忿而存大信

家有家规,国有国法。任何一个组织、团体都会有一套规章制度和办事规则,否则就乱而无章,无法有效运转了。领导者应带头执行规章纲纪,但领导人决策多、指示多,有时言谈和处理事情时会出现与原有规章不一致的现象。这个时候就会遇到是维护领导人的言论还是依循规章制度的规定的矛盾。作为领导者自己该如何对待和处理？作为部下该怎样办？这既可以显示领导的涵养和风度，也可以考验部下的为人和素质。

唐太宗即位后，广泛招贤纳才。当时有作弊者，伪造证件和身份，以求得别人的较高评估，达到被录用提拔的目的。据《贞观政要》记载，当时朝廷大开选举，有人伪造证件，假冒有官阶资历。为此，太宗下令凡伪诈者要自首，不自首者罪可至死。不久真的有伪诈者事情败露了，大理少卿戴胄依据法律判以流刑，并上奏此案。太宗见奏说："当初下了敕令，不自首者死。现在你的判决依从法令，不从我的敕令，这是使天下人皆知我言而无信了。"戴胄答："陛下如果当时就杀了他，那就不是臣的权责所及，现在既然交到司法机关来办理，我就不敢有违法令了。"太宗说："你自己守法，却令朕失信吗？"

太宗虽然是胸襟宽阔的明君，能虚心听取不同意见，但有时也难免会发怒。太宗一般不轻易动怒，只是在两种情形下他会发怒：一是觉得他所依赖的侍臣违背他的时候，二是发现曾受他恩惠的人欺骗他的时候。在这两种情形下，太宗发怒不足为奇，情有可原。现在戴胄未按太宗敕令办理，他自然有点忿情，何况太宗已昭示天下的命令，大臣如不遵行，的确会让人觉得有失帝王的尊严，失信于民。

但是，这里有个"大信"与"小信"、"大威"与"小威"、"大尊"与"小尊"的关系问题。国家体制、法令规章是天下人,包括帝王自己在内,长期要遵守照办的,而帝王一时之言或针对某事某人下的"敕令",往往有很大的局限性,个人的感情因素占有很大比重,前者与后者相比,自然属于"大信""大威""大尊"。从长远和全局来看,前者是为了维持国家的长治久安,是有利于"帝业"的,因而也是维护了君主的尊严和威信的。

因此,戴胄仍不顾太宗的情面,坚持说:"法律是国家所以布大信于天下的公理,而陛下之言,却是一时喜怒而发的。陛下一时愤怒而允许杀人。事后既知不可,才令移送法司,这正是忍小忿而存大信。若不依法处理,臣窃为陛下觉得可惜。"

太宗听了这段话,似有所悟,于是说:"朕的法令若有所错失,卿能正之,我还有什么忧虑呢。"

在这里,戴胄作为太宗的部下敢于同自己的上司论理论情;而太宗知错即改,胸襟宽宏,都是很令人佩服的。

第五章　务得人心

　　帝王将相的地位和权力当然要远远高于平民百姓，一般百姓则无权无职，但是，这并不等于说老百姓是无足轻重的，统治者可以为所欲为。纵观中国数千年的历史，多少王朝倾覆，皇冠落地，民众的力量往往起着决定性的作用。

　　一个组织、单位，领导人的地位和权力总要高于别人，但是普通员工并不是听任摆布的"木偶"。一个单位的工作能否取得大的成效，主要还是靠全体员工去创造。

　　领导人物是否合格、是否高明、是否有魅力，在于他能否得人心，即能否得到人民的拥戴和信任。

　　战国时的荀子就认识到：君主若想夺取或巩固权位，非取得民众拥护不可，"天下归之之谓王，天下去之之谓亡"。"归之""去之"就是人心的向背。孟子则说："民为贵，社稷次之，君为轻。"他把百姓民众放到头等地位。得人心者可以平乱致治，失人心者迟早酿成大乱。"与民为仇者，有迟有速，而民必胜之。"

一代明君唐太宗说："天子者，有道则人推而为主，无道则人弃而不用，诚可畏也。"这个"道"就是顺乎民意。用恩信道义爱抚百姓，使百姓与帝王同心同德，意志一致，则战无不胜。正如孟子所言：

> 得道者多助，失道者寡助；寡助之至，亲戚畔之；多助之至，天下顺之。以天下之所顺，攻亲戚之所畔，故君子有不战，战必胜矣。

《孙子兵法》中说"上下同欲者胜"，"与众相得"，说明要赢得民心，须顺应民心，所作所为应符合民众的愿望和利益。

人民是国家之本，天下虽乱但民心不散就不可怕；天下虽定但民心离散就很危险。民如树根，君如枝叶，树根亡了，枝叶还能存活吗？昏庸的君主和领导往往不懂此理，视民贱如丛草，愚如鹿豕，岂不迟早要自取灭亡？

为官为政，以民为本

秦始皇虽统一中国，但推行暴政而不注重民意人心，结果在各地起义军的打击下，秦王朝很快就灭亡了。鉴于秦朝灭亡的教训，汉初统治者不得不重视民意。当时一位大臣贾谊总结了秦亡的教训，指出国家的兴亡，君主的荣辱，战争的胜负，无不与民息息相关，为君、为政、为官都必须以民为本，否则，与民为仇者必亡。

贾谊认为：处理政务，百姓是根本。国家要以民为本，君主要以民为本，官吏要以民为本。百姓可以决定国家的安危、君主的荣辱、官吏的贵贱。这就是以民为本的意思。处理政务，应该事事考虑百姓的意志。国家要考虑百姓的意志，君主要考虑百姓的意志，官吏要考虑百姓的意志。通过百姓的意志，可以考知国家的存与亡，君主的圣明与昏庸，官吏的贤与不贤。这就是民为命的意思。处理政务，是否有建树要取决于百姓。国家的大业取决于百姓，君主的成就取决于百姓，官吏的成绩取决于百姓。国家是盛是衰，君主是强是弱，官吏贤能与否，都要取决于百姓。这就是民为功的意思。处理政务，一切要依靠百姓的力量。国家要依靠百姓的力量，君主要依靠百姓的力量，官吏要依靠百姓的力量。战争之所以能胜利，是因为百姓希望胜利；攻城略地之所以能得到，是因为百姓希望得到；守土保地之所以能成功，是因为百姓希望能保住。所以，如果率领百姓防守，而百姓不愿意防守，那就不可能守得住；如果率领百姓攻城略地，而百姓不愿意得到，那就不可能得到；如果率领百姓去战斗，而百姓不愿意胜利，那就不可能胜利。如果百姓与统治者一心，打起仗来奋不顾身勇往直前，敌人一定害怕，战斗就会因此而胜利；如果百姓与统治者不一心，看见敌人就害怕、逃跑,战斗就会因此而失败。所以,是祸是福,并不纯粹在于老天的意志,而在于百姓之心啊! 对于百姓的愿望和要求绝不可以掉以轻心,一定要详加考察了解呀! ……自古至今,凡是与人民为敌的人,或迟或早,人民一定会战胜他们的。

民为天下之主,君是天下之客,作为合格的君主,应勤勤恳恳、废寝忘食,将天下万民之事当作自身之事,将天下万民之身当作自己之身,努力使天下没有饥寒交迫的百姓,也没有愚昧无知、品德不端的百姓;罢免害民的官吏,处死虐待民众的官吏;亲近爱民的官吏,提拔为民做好事的官吏。只要这样做就能合乎天心民心,天下之人唯恐这样的君主不能永远为君。可见,谦逊地把自己看作是天下人的仆役,恰恰能永远做天下之人的君主;骄横地自以为是天下的主人,其结果必然会被民众所抛弃。因此,"吏为民役,非以役民"。

古代许多明君贤臣都已认识到的千古真理,今天的领导者更应该深谙其理,并努力实现之。因为,一切权力归人民早已是现代社会的一个基本理念了。

得天下有道,得民心亦有道

孟子在数千年前就提出了"得民心者得天下"的命题,并提出若想得民心,必须行仁政。与孟子相比,我们现代的当政为官者,真有些自叹弗如啊。有一些官员不太懂得"得民心者得天下"的道理,他们总是自以为是,且常常不顾民意,违背民心,损害百姓利益。虽不是人人如此,但为数肯定不会很少的。

孟子

孟子说:过去桀、纣之所以丧失天下,是由于失去了人民的支持;之所以失去人民的支持,是由于失去了民心。他认为,获得天下是有一定方法的,就是必须获得人民的支持;而获得人民支持也是有一定方法的,获得民心就可以获得人民的支持了;同样,获得民心也是有一定方法的,民众所希望的就替他们积聚起来,民众所厌恶的就不要强加在他们身上,如此而已。孟子认为,人们总是归附仁政的,这犹如水向低处流、兽类奔向旷野。所以,为深池赶来鱼的是水獭,为树林赶来鸟的是鹞鹰,为商汤、周武赶来百姓的是夏桀、商纣。若实行仁政,那么老百姓也就都来归顺了。这时候,你即使不想统一天下,也是不可能的了。

与民同忧乐也是得人心的重要方法。孟子对齐宣王说:君主以百姓的快乐为自己的快乐,那么百姓也会以君主的快乐为自己的快乐;君主以百姓的忧愁为自己的忧愁,那么百姓也会以君主的忧愁为自己的忧愁。与天下人同忧同乐,这样是不可能不成就王业的。

与民同好恶同样是得民心之法。陆贽是唐德宗时期的著名宰相。有一次,唐德宗问陆贽当务之急是什么。陆贽回答说:往日之所以招致天下混乱,是由于上下之情不通。他劝德宗礼贤下士,兼听纳谏,并且在上疏中说:"如果是人们非常想做的,陛下就应首先去做;若是人们极力反对的,陛下应首先去掉它。君主的好恶与天下一致了,广大人民仍不归附他,这种情况自古至今从未有过。"陆贽认为,君主只有顺乎万民的好恶,才能取得万民的拥护。

出自《管子·牧民》的这段话,更值得领导者深思:政令所以能推行,在于顺应民心;政令所以废弛,在于违背民心。人民厌恶忧劳,我就使民安乐;人民厌恶贫贱,我就使民富贵;人民厌恶危难,我就使民安定;人民害怕灭绝,我就使民生育繁息。我能使人民安乐,他们就可以为我承受忧劳;我能使人民富贵,他们就可以为我承担危难;我能使人民安定,他们就可以不惜为我牺牲了。所以,单靠刑罚是不足以使人民真正害怕的,单靠杀戮是不足以使民心顺从的。刑罚繁重而人心不惧,法令就无法推行了;杀戮得多而人民不服,统治者的地位就危险了。因此,满足人民的上述四种愿望,疏远的自然会亲近;反之,亲近的也会叛离。所以,知道给予人民什么,就会从人民那里得到什么,这就是治国理政的法宝。

君舟民水

《贞观政要》是一部专门记载唐太宗与群臣之间治理国事的问答实录。这本书对后世影响极大,曾被推崇为治国理政的教科书而广为流传。

《贞观政要》是中国古代治国安邦之术的集大成之作,虽然它有一定的历史局限性,但是,它所阐述的许多治国理政的道理和唐太宗所思所言、所作所为的实际例子,直到今天仍闪烁着深刻的真理之光,使人们特别是领导者们从中受到颇多的启示和教育。

此书中,有一段关于太宗教子的论述。太宗对侍臣说:"古代有胎教世子的传说,我却没有时间顾及。但是近来自从立了太子,遇事必定教诲使他懂得道理。比如说……看见他乘船,问他说:'你知道船的道理吗?'他回答说:'不知道。'我说,'船好比是国君,水好比是百姓,水能浮起船,也能掀翻船。你刚做太子,能不畏惧吗?'"太宗在此讲的舟和水的关系,见于《荀子·王制篇》:

> 君者,舟也;庶人者,水也。水则载舟,水则覆舟。

权力的巩固和人民的支持是密切相关的,笼络民心是安定政治局面的关键。一个政治家需要笼络民心,一个企业经营者也同样需要员工的支持。倘若你是一个高瞻远瞩的企业家,那么为了经营,必须首先抓住人心。如果一个企业没有与之同甘苦、共命运的职工群众,企业的发展也就会成为无源之水、无本之木了。

做人也一样。一个人要想有所作为,首先要得到大家的好评。一个被人嫌弃、被人厌恶的人,即使具备了先天的良好素质也将无济于事,因为他失去了别人的支持。尤其是作为领导,当他失去周围部属的支持时,只能当个光杆司令。因此,能否抓住人心是关系成败的一个大问题。

诸葛亮七擒七纵取人心

为了不辜负先帝刘备的嘱托,诸葛亮集中蜀国的全部兵力,向魏国挑战。在此之前,有一个非常棘手的难题摆在诸葛亮的面前,这就是蜀西南部少数民族的叛乱。如置南蛮叛乱而不顾,北伐曹魏,南蛮定将乘虚而入,威胁蜀军的后方。因此,如不解决这一后顾之忧,就不可能全力以赴地攻打曹魏。

深谋远虑的诸葛亮洞察全局之后,毅然决定亲自出征镇压叛乱。为了慎重起见,临行前,诸葛亮征求了幕僚马谡的意见。马谡说:"说起来,用兵之道,攻心为上,攻城为下;心战为上,兵战为下。要注意征服他们的心。"这正合诸葛亮的心意。在第一次出征之前,诸葛亮向全军发出布告说,勿杀敌酋孟获,只能生擒。

激战之后,孟获兵败被俘,诸葛亮想使孟获慑服在他的军威之下,先带他到兵营各处转转,然后问道:"你看我军的布阵如何?"孟获回答说:"过去,因为不了解你们的布阵所以失败了,这次知道了你们的布阵,下一次肯定会赢。"诸葛亮爽快地回答说:"这很有意思,好吧,放你走。"这样一捉一放前后共七次。当第七次被俘时,就连顽固不化的孟获也心悦诚服了。当诸葛亮想再一次把他放走时,孟获发誓说,你们真是神兵,我不再背叛你们了。

诸葛亮和孟获在军事才干上相差悬殊,诸葛亮可以不费吹灰之力战胜对方,但是不能斩草除根。一旦时机成熟,孟获势力很有可能卷土重来。足智多谋的诸葛亮对此有非常清楚的认识,为了从根本上解决问题,他挖空心思,采取攻心之术,不久就掌握了主动权,控制了对方。南方少数民族的叛乱从此便销声匿迹。

消除了后顾之忧的诸葛亮,这才开始向魏国发起了大规模的军事进攻。

诸葛亮以信为本

诸葛亮率领蜀国十万精兵北伐曹魏时,蜀军实行了轮休制:即每十人中,轮流抽出两人回国休养,平时保持八万常规兵力。但是,不久魏国也部署军队,严阵以待。两国先遣部队发生了小规模战斗。这使蜀军将领们感到不安,他们纷纷对诸葛亮说,敌众我寡,按如今的兵力,我军很难打胜仗,能否让战士们推迟回国,以便增加兵力。诸葛亮却回答说:"我用兵,从来就以守信为本。那些已轮到回国的战士整装待发,他们的妻子也满怀喜悦,翘首盼望他们早日回国。我不能因面临困难而毁约。"于是，下令战士们按期回国。

诸葛亮的用兵原则用一句话可概括为："统帅用兵，以信为本。""信"乃是指不说谎，守誓约。"信"历来是领导人物应具备的重要品格之一。一个受群众拥护的领导，办事才能如鱼得水；否则，将会一事无成。诸葛亮也把"信"视为用兵的根本原则。

再说，当诸葛亮的命令发出后，那些原准备回国的士兵们反而都自愿放弃回国的机会，决心和全军风雨同舟。战斗打响后，这些战士们争先恐后跳出战壕，以以一当十的气概和勇气同敌人战斗，最终取得了那次战争的胜利。诸葛亮为何能以小胜大？史书中写道，这是一场以信取胜的战斗。毋庸置疑，是"信"抓住了战士们的心，并激起了他们顽强的斗志。

而一些人的失败往往是由轻易许诺所引起的。他们遇事从不三思而后行，脱口就说出"知道了，想法子解决"诸如此类的话，实际上从不兑现诺言。结果是自讨苦吃，不仅苦了自己，而且又失去了大家的信任。因此，许诺应慎重，而一旦许诺了对方，就必须守信。不过，我们在守信时应避免为守信而守信，应灵活掌握情况，不要被那些死板的规定捆住手脚。否则，也会适得其反，产生副作用。

李渊行赏取人心

李渊是唐朝的第一位皇帝。他在攻克了霍邑(今山西霍州市)后,就在军中论功行赏。有军吏认为,军中的奴仆是本就应当征募当兵的,他们不能与良家子弟相同待遇。

李渊听后说:"箭矢弹丸之中,没有贵贱之分,论功行赏之时,为什么又搞等级差别呢?应当一律按照军功授勋。"

随后,他又在西河会见霍邑的官吏和老百姓,犒劳赏赐他们,从中选拔壮丁,补充军队。而关中士兵想回家的,他都授予他们五品散官,送他们回家。对此,有人进言劝谏,说他把官给得太滥了。李渊却说:"隋炀帝舍不得给官行赏,以致失去人心,我为什么要仿效他呢?况且用官职去收买人心,不是比用兵力去征服他们强吗?"

虽说封官不能太滥,但舍不得给人行赏更是愚蠢,能切实论功行赏是赢得人心的重要办法。

冯谖买义

孟尝君是战国四公子之一,门下有食客数千。有天,他挑人为他到薛地去讨债。有位叫冯谖的人说他可以胜任此事。

于是不久冯谖便整装待发，并带上欠债的券契准备上路。临走时，冯谖向孟尝君告辞，并问孟尝君："债收完后，买点什么东西回来呢？"

孟尝君回答说："你看我家还缺什么就买什么吧。"

冯谖到了薛地，召集应还债的百姓，都来核对契据。核完后，冯谖假托孟尝君之命免除了老百姓的债款，并将整整一车的债契当场焚烧掉。众人见此，连呼孟尝君万岁，感恩戴德。

冯谖回来后，孟尝君对他如此快速回来十分惊奇，便问："债款都收完了吗？"

冯谖答："收完了。"

"买了什么东西回来？"

"您说'看我家还缺什么就买什么'，我私下考虑，您家中珍宝堆积如山，门外肥马满厩，后宫美女比肩，您家所少的就是'义'。所以我私下用债款替您买回了义。"

孟尝君问："怎么叫买义？"

"您现在只有个小小的薛地，却不抚爱那里的老百姓，还用商人的手段向他们敛取利息。我私自假托您的命令，将债款赐给老百姓，将那些债券全都焚烧了，老百姓都山呼万岁，这就是我用来替您买义的方法啊。"

孟尝君心里很不高兴,但也无可奈何,就对冯谖说:"先生算了吧。"

一年之后,齐王不信任孟尝君了,撤了他的职,让他前往自己的封邑薛地。孟尝君的车马离薛地还有百里,老百姓就扶老携幼,争先恐后地赶到路上去迎接他。看到这个情景,孟尝君十分兴奋,对冯谖说:"先生替我买回的'义',今天才见到了。"

后来冯谖又促使齐王恢复了孟尝君的相国职务。看来,冯谖算是个有识有谋之士了,买义这事,真是高于千古,不是战国时一般策士所能达到的。想保国保家成大业的人,都当效法他吧。

晋文公战必以义

坚守信义的领导、将军常常是胜者;而无信无义的领导、将军则常常会失败。

据《韩非子》记载:晋文公一次攻打原城时,令部队只携带十天的粮食,并和部下约定,十天内应设法将城攻下来。可是,十天过去了,并没有实现原来的设想,文公不得已只好鸣金收兵,再作计议。

正准备退兵之际,从城里逃出来的人说:如果再打三天,城里的军队就顶不住了。

于是,群臣们便向文公进谏说:"城里该是快到粮尽力竭了,再坚持几天如何?"

然而,文公以断然的口气回答:"我已和军队将士们约定好为期十天,现在到期如果不撤退,那我岂不是失信于军队将士了？为了得到原城而成为失信的人,是我所不愿意做的。"

这样,文公果断停止了攻城,把军队撤了回来。

原城里的民众听到这个消息后,便纷纷议论说:既然文公如此守信用,我们为何还不去归服他呢？不久,原城人便纷纷投降了。

很快,卫国也听到这个消息,认为文公这样重信义,不顺从他还要顺从谁呢？于是也向文公投降了。

后来,孔子听说后评论道,文公攻原城却得到了卫国,是因为他坚守信义的结果呀!

宋太宗不杀李继迁之母

宋太宗在位期间,党项酋长李继迁时叛时降,经常侵扰西部边疆地带。

有一回,保安军禀奏宋太宗说,已经抓获了李继迁的母亲。宋太宗阅奏后便想将她诛杀。随后,太宗就召见任枢密副使的寇准商量此事。

商议完后,寇准退朝路过宰相府。宰相吕端得知李母被抓获后,忙问寇准:"皇上告诫过你此事不得告诉我吗?"

寇准回答:"没有。"

"那么,准备如何处置她呢?"

"要将她在保安军北门外斩首,以警诫叛逆之人。"

吕端说:"这样做,恐怕不是好方法啊。"说完,他就随即入朝上奏宋太宗说:"从前项羽打算活活煮死刘邦的父亲,刘邦却告诉项羽说:'如果煮死了我的父亲,别忘了也分给我一杯羹。'凡成就大事的人,都是不顾念他的亲属的,何况李继迁这样犯上作乱的人呢?陛下今日杀了他的母亲,明天是否能捉住李继迁呢?如果捉不住李继迁,反而白白地结下了怨仇,这会越发坚定他的叛逆之心。"

太宗觉得此话有理,继而问:"那应当怎么办呢?"

吕端说:"以臣的愚见,最好将李母安置在延州,派人好好看视她,让她活得好好的,以此为诱饵招徕李继迁,即使他不立即悔过投降,也可以始终拴住他的心,而且皇上也可以由此获得好声名,使天下知道皇上的恩德、信义。"

太宗听后,连声说好,并说:"要不是你,我差点误了大事。"

后来,李继迁的母亲老死在延州。尽管李继迁本人没有主动投降,但是李继迁死后,他的儿子却主动向宋朝纳款称臣了。

当时如果太宗杀了李继迁的母亲,恐怕有百害而无一利;听吕端之计而善待李继迁之母,可谓一举多得了。武力只能威风一时,恩德、信义才能起到长期作用。

约法三章取人心

大凡打过天下的领导人物,都有一种笼络人心的窍门。要取得天下或者治理好天下,更要有高超的收揽人心的办法才行。不会或不擅长笼络人心的人,实在是与取天下、坐江山无缘的。

据《史记·高祖本纪》记载:刘邦率领起义军进军关中时,为了争取关中群众的支持,把部队安置在霸上,就地召集各县父老豪杰开会。他说:"诸位兄弟,你们长期受到秦朝苛法之害。一人犯法,追及三族,偶语陷刑。诸侯约定,先进入关中者为王,我当然是关中之王。在此,我与父老约法三章,即杀人者死,伤人及盗者抵罪。废除秦朝的种种法规,官民一起安居乐业。请诸位放心,我进入关中的目的在于为民除害,决不施行暴力。我将在这等候各路诸侯的到来,以便重新缔结条约,除此之外,别无他意。"这就是有名的"约法三章"的故事。此后，刘邦进一步命令部下和秦朝官吏一道巡视各地，向民众传达他的旨意。秦人大喜，欢呼刘邦的到来，他们携带牛羊、酒食贡献给军队。刘邦以兵有限、粮充足，不缺吃喝为由婉言谢绝。于是刘邦在秦人心目中的形象大大提高了。

醉翁之意不在酒，"约法三章"的布告也好，婉言的谢绝也好，皆旨在笼络占领区的民心。国家的正常运行，以庞大组织机构的存在为必要前提。一旦建立了国家，就必须制订相应的一整套法律制度。"约法三章"的精神是理想主义的美好愿望，在实际生活中是行不通的。即使是"约法三章"的当事人刘邦，当他打败竞争对手项羽，建立汉王朝后，依然承袭了秦朝的大部分法律制度。但不能因此而抹煞"约法三章"的深远意义，刘邦正是靠它笼络了占领区人民之心，从而成功地为打天下开辟了道路。

不仅仅是刘邦，那些叱咤风云的英雄人物，在他们夺取天下的过程中，都曾巧妙地笼络人心，例如明太祖朱元璋。朱元璋比刘邦出身更低微，但他深得民众的支持和拥护，最后终于推翻了元朝，建立了明朝。朱元璋之所以深得民心，要归功于他严明的军规。推翻元朝的战争中，朱元璋所到之处皆张贴布告，说："第一，不准乱杀群众；第二，对妇女不施行暴力；第三，不准抢劫人民的财产。如有违者，必杀无赦。"当北伐元军时，朱元璋对总司令官徐达说："我自起兵以来,从不妄杀无辜,现在你们这些将领带兵打仗,一定要严格约束士卒。城下之日,不许焚烧民房,不许抢劫财物,不许杀戮无辜。有谁违命,军法处置,必罚无赦。"

有一次,起义军占领了某地,为了防止浪费粮食,起义军贴出了禁止酿酒的布告。但是功臣胡大海的儿子却违反了禁令。一位武将替他说情。这位武将说,胡大海身在战场,为不刺激胡将军,饶恕他的儿子乃是明智之举。朱元璋说:"即使是大海本人,如他违反禁令,亦照杀不误。"最后,命令处死了胡大海的儿子。

桃李不言,下自成蹊

汉代名将李广是活跃于汉匈战场上的传奇式人物,精湛的射箭技术使他名扬海内外。他经常率兵出战,有自己一套独特的作战方式。李广行军没有严格的编制和一定的行列,经常把兵营安扎在有水和草的地方,起居人人自便,夜间也不设巡更以自卫,军中的文书记录、簿籍等也一切从简,只是在前方很远处布置了哨兵,未曾受到敌人的袭击。

李广作战指挥虽散漫,但深得人心。有个叫程不识的将军评价李广说:"李广治军松散,如有敌人搞突然袭击,他就很难阻挡了;但是他的士兵因此安逸而快乐,大家都乐意为他出力,为他而死。"

李广为何如此深得人心呢?

李广廉洁奉公,漠视金钱,从不贪财。每次受到朝廷赏赐,他都分发给部下,并常和士兵一同进餐。在李广的一生中,任收入达二千石那么大的官职有四十余年,但家中却没有像样的家产。另外在行军中,每逢遇到饮食缺乏或断粮的时候,如发现可以饮用之水,士兵中只要有一个人还没有喝到,他就绝不先喝一口;有了食物,若不是每个士兵都吃过了,他是连尝都不会去尝的。李广拙于言辞,很少和人闲谈,但是他心地善良,对士兵宽容和蔼,用实际行动来影响部下,深得部下爱戴。

史学家司马迁在李广的传记中写下了"桃李不言,下自成蹊"的名言,高度赞美了他的高尚品德。桃树和李树从不高声宣扬自己,但它们美丽的花朵和鲜美的果实,却吸引了人们不约而同地从桃树、李树下行走,从而逐渐开辟出一条道路来。"桃李不言,下自成蹊",是对李广的无言的说服力的高度赞美。

收揽人心,有各种技巧,而李广的无言的说服力却技高一筹。一个有雄心、有抱负的领导必须学会以身作则,而要想以身作则,首先就要有一颗善良的心和高尚的品格。否则,一切都只是纸上谈兵。

第六章　识人之法

领导人物要同各种各样的人打交道,要团结和协调各种各样的人才,要调动各种各样人的积极性,这就需要识别各种各样的人。可以说,识人辨才、洞察人事是做好领导工作的一个基本前提。学会和掌握识人辨才的方法,对于提高我们处世为人的能力,造就领导之才,是十分必要的。

是没有贤能良士还是漏而不知

领导人物所以为"领导",在于周围有人可以指挥,自己的观点、见解、主张和决策能够有人去贯彻和落实。可以说,一个单位领导者的基本职责,就是如何去识别、聚集和使用人才。

唐太宗认为:"为政之要,惟在得人。"因此,唐太宗很重视人才、尊重人才和使用人才。他在房玄龄、杜如晦两位贤相和魏徵、王珪两位忠贞不贰的谏议大夫的辅弼下，广开人才之路，建立了较健全的官僚体制，可谓人才充备。不过，要有效地统治大唐帝国，人才是多多益善。

贞观二年（公元628年）时，唐太宗要右仆射封德彝拣选和推荐一批人才，但过了一段时间却不见有动静。一天，太宗就问封德彝："近来朕命卿举拔贤才，却不见有所推荐。天下事重，臣卿宜分担朕的忧劳。卿既不言，朕将寄望于谁？"

封德彝回答说："臣愚昧，岂敢不尽情尽力。只是至今未见有奇才异能之士。"

太宗不悦，反问说："前代明哲君王用人各取其长，而且都在当时求取，不是借用别的时代的人才，哪里能等到梦见傅说，偶遇吕尚，然后才来治理政事呢？而且哪个朝代没有贤能？只怕被遗漏而不知罢了！"

太宗一席话说得封德彝惭愧而退。

傅说是殷朝高宗武丁的一位贤相。据说，高宗一次梦见一位叫傅说的贤才，后来在路途上做杂工的人中果然找到傅说而予以起用。吕尚就是著名的姜太公。相传，周文王外出，偶遇在渭水河边钓鱼的吕尚，拜为太师。唐太宗认为，不能只以奇才异士的要求去探求物色人才，偶然发现人才的事毕竟为数极少。相信任何时代都有杰出人才，只是未被发现和起用罢了。

识人是基本要求

我们每一个人作为社会的一分子,生活在复杂多变的人际关系之中。在这复杂的人际关系当中,哪怕是一个小小的失误,也会无事变小事,小事变大事,甚至很有可能陷入泥坑永无翻身之日。因此,为了适应复杂的周边环境,协调各种关系,并掌握主动权,必须首先去了解人。

人的本质究竟是什么?自古以来,中国人对此有两种解释,即"性善说"和"性恶说"。"性善说"认为,人之初,性本善,因此必须发展人的善良本性,孟子就持这种观点;与此相反,"性恶说"则认为,人性本来就是恶,因此必须用教育和法律予以改造和限制,荀子就持这种观点。

说到这里,也许有人会问:那么,你究竟赞成哪一说法?我们的回答是,两者都不赞成。就是说,我们是折中论者。实际上,人是善和恶的混合体。因此,不可急于下结论说是善还是恶,而应采取机动灵活的态度,这才是现实可行的态度。

如果生活在地球上的人都是善人,那么,一切问题就会迎刃而解了。但是,自从地球上有了人类以来,每个人的先天禀性和后天教育便各不相同,造就了人类或善或恶的品性。承认这一事实虽然很可悲,但这就是我们面对的严酷的现实生活。如果轻易地去相信那些不可信赖的人,你就会翻船,受到现实的惩罚。因此,要想在现实生活中站稳脚跟,能够得心应手地处理好人际关系,就应未雨绸缪,仔细深入地去了解对方的为人。这是人类社会对每一个社会成员所提出的最基本的要求。

在这里,问题在于你是否具有识别和看清对方的眼力。先看清对方的为人之后,再进行适当的交往,才能称得上称职的社会成员。不过,当你认为对方是一个平庸之辈时,又会怎样对待他呢?社会上不乏这样一种人,当他们认为对方是平庸之辈时,就明目张胆地轻视对方,或者是冷淡地寒暄几句而已,这也是不明智的行为举止。

孔子的识人法

毫无疑问,认清对方的为人既是人类交往的出发点,又是一个社会成员所必备的条件之一。从何入手才能看清对方的为人呢?古人从各个角度探讨了这一问题。我们在接触一个人的时候,往往首先就注意对方的容貌和举止。因为人的容貌是表面的、暴露无遗的东西。林肯说过:"男人到了四十岁,应对自己的容貌负责。"这句话自有它的道理,一个 40 岁的人的脸是他自己的脸,也就是说,那一道道的皱纹说明了他一生坎坷的经历和人生的体验。因此,对他们在某种程度上以貌取人也并不过分。但是,我们在判断十几、二十几岁的年轻人时,不能套用上述方法,不能以貌取人。因为年轻人还没有因人生的经历形成自己独特的气质,以外表来判断一个年轻人,容易作出一些失实的判断。实际上,圣人孔子也有过这方面判断上的失误。

孔子有一个弟子,姓澹台,名灭明,字子羽。据史料记载,他"状貌甚恶"。孔子起初认为他没有才能,拒绝收他,后来碍于情面,勉强收他为弟子。子羽跟孔子学了一段时间,离开了孔子,回家后继续认真自修,德业大进,闻名诸侯。孔子得知后感慨地说:"以貌取人,失之子羽。"以外貌来判断一个人,结果,连孔子都看错了。

判断一个人,不能以貌取人。那么,用对方的言谈来衡量人又怎样呢?用言谈判断一个人,比之以貌取人,其准确度要高得多。但是现实生活中不乏言行不一致的人,他们往往口是心非,言论和行动往往相差十万八千里。如果轻易地相信他们,就会陷入泥坑不能自拔。在这方面,孔子也有过看走眼的教训。

孔子还有一个名叫宰予的弟子。宰予口才相当好,遗憾的是他的言行总是背道而驰。孔子经常责备他,要求他改正错误,但是他毫无反应,犹如对牛弹琴,最后孔子也泄了气,认为宰予不可救药。孔子叹息道:"以前我认为能言善辩的人是可信赖的人,今天我悟出了一个道理,不能只听其言,而应观察他的实际行动,这一功劳归功于宰予。"孔子又说:"吾以言取人,失之宰予。"即以言取人,结果又看错了宰予。

当然,如果能够冷静地考虑问题,听其言在一定程度上确实可以判断对方的为人,但是也要警惕,不能把其当作判断一个人的唯一标准。

李克的人物鉴定法

判断一个人的德性和才干,的确是不能简单地根据社会的传闻以及当事者的言谈来作出结论的。当然,包括当事者在内的言论,也不是一点都不可以听,听其言谈也是考察和识别一个人的重要途径。但是,言谈仅仅是一个方面,而且人们的言谈与人们内心的真实想法、真实动机往往有很大的差别,甚至可能是截然相反的。俗话说,舌头无骨头,是非曲直由它说。所以,不能只依靠一个人的言谈去判断他的德才。

那么,判断人的最好标准是什么? 是看人的实际行动,看他的言行是否一致。孔子说：

> 视其所以，观其所由，察其所安，人焉廋哉？人焉
> 廋哉？

这句话的意思是：看他当前的所作所为，考察他过去的历史，再研究他的动机和目的，就能看出一个人的真面目。

关于这一点，李克的人物鉴定法谈得更为详细。

战国初期，魏文侯想在两个宰相候选人中间选一个人做宰相，向李克征求意见。当时，李克没有直接提出自己的意见，而是向魏文侯提出了五条人物鉴定法，请魏文侯任命一个合乎这五条标准的人为宰相。这五条分别为：

一、平居时看他接近的人

俗话说"物以类聚，人以群分"，要想判断一个人，首先要去看他所结交的朋友，当你了解了他的这些朋友们的为人后，也就基本上了解了那个人。

二、富裕时看他交往的人

当一个人在经济上富裕了，就可以过舒适的日子，而这时的困难就在于你如何花钱。世上不乏这样的人，他们花钱并没有花在刀刃上，而是花得毫无价值。实际上，有价值地花钱并非易事。因此，用如何使用金钱来判断一个人，并不是毫无道理的。

三、显达时看他推荐的人

当一个人飞黄腾达时，要看他所重用的人。选拔什么

样的人才也是判断一个人的标准。如果一个人结党营私，任人唯亲，就得不到众人的好评。

四、逆境时看他坚持不做什么事情

我们每一个人在漫长曲折的人生长河之中，都难免要陷入困境，如何对待所处的困境也是判断一个人的尺度。一个学生曾问过孔子："君子也有陷入困境的时候吗？"孔子回答说："是的，君子也不例外。不过，因陷入困境而失去理智、惊慌失措的人都是小人。"惊慌失措，多少有点可原谅。但是总有那么一些人为了及早地摆脱困境，不择手段地去干肮脏的勾当。因此，当一个人陷入困境时，能够更好地识别他的真面目。

五、贫困时看他所不取的东西

一个有志气的人是不会被贫穷所压垮的。因此，在某种意义上可以说，贫穷是考察一个人志气的试金石。

三国时期的诸葛亮曾说过："我认为没有一件事情比了解一个人更难，因为现实生活中的人往往是表里不一的，善人并不一定就是善面孔。因此，我认为以貌取人是件很荒唐的事情。想了解一个人是不容易的，但这并不意味着没有'知人'之道。"接着诸葛亮提出了七条更为详细的"知人"之道：

一、"间之以是非而观其志。"即向他提出是非不同的问题，观察他的志向。

二、"穷之以辞辩而观其变。"即向他提出尖锐的难题，观察他的应变能力。

三、"咨之以计谋而观其识。"即请他出谋划策，观察他的见识。

四、"告之以祸难而观其勇。"即告诉他存在的艰难危险，观察他的勇敢精神。

五、"醉之以酒而观其性。"让他开怀畅饮，观察他的品性和醉酒后所显示的本色。

六、"临之以利而观其廉。"让他有利可图，观察他是否廉洁。

七、"期之以事而观其信。"托他办事，观察他是否守信用。

诸葛亮从领导的角度出发，提出了评价部下的七个条件，即志、变、识、勇、性、廉、信。作为一种"知人"之道，其中的不少精华部分在当今仍可视为是判断一个人的基本标准。

六正六邪的人物评鉴法

西汉时期有位经学家、目录学家、文学家叫刘向，是汉皇族楚元王刘交四世孙，曾任成帝时的光禄大夫，撰有不少著作，他在《说苑·臣术》中提出了人臣行为的"六正六邪"

说法,对后世影响很大。

"六正"和"六邪"实际上是鉴别人臣和官吏好坏的基本标准,直到今天,对我们的为官人员仍有借鉴意义,也可以作为识人的重要参考标准。

刘向认为:人臣的行为有六正六邪的区别。践行六正的就是人臣的荣耀,触犯六邪的就是人臣的耻辱,荣与辱是招致祸福的门径。那么,什么是六正呢?

一是在祸乱还没有任何征兆的时候,就能够敏感地察觉出存与亡的关键,得与失的要领,预先做好防患于未然的准备,使君主不必费心劳神,无忧无虑地处于显赫荣耀的地位,天下的人都会称道他的孝心。这样的人臣就是圣臣。

二是谨慎谦虚,能进善言,通晓大道,用礼仪劝勉君主,用良策启迪君主,顺应君主的美德,匡正君主的过失,功成事就之后,把善处都归于君主,不自我炫耀。这样的人臣就是良臣。

三是不辞辛苦,日夜操劳,举荐贤才,从不松懈,经常在君主面前颂扬古代的道德和行事的标准,以此劝勉激励君主,希望对安定国家、社稷、宗庙有益。这样的人臣就是忠臣。

四是明察善断,预测成败,早为设法防止和补救,堵塞漏洞,铲除失败的根源,转化祸事为福事,使君主始终无忧无虑。这样的人臣就是智臣。

　　五是奉公守法,不虚居官位,辞谢俸禄,推让赏赐,不受赠送的财物,衣着端庄整齐,饮食节俭。这样的人臣是贞臣。

　　六是在国家混乱之时,君主所作所为背离了大道,然而敢于不顾君主震怒犯颜苦谏,当面指责君主的过失,不因为害怕诛杀而退让,哪怕是自己被杀,只要国家安定就决不后悔。这样的人臣就是直臣。

　　以上是六正之臣。那么,什么是六邪呢?

刘向

　　一是贪恋官职俸禄,专谋私利而不务公事,隐藏自己的智慧和才能,君主要臣下献计谋策时还是不肯尽心辅佐。庸庸碌碌,与世沉浮,上下观望,左右回顾。这样的人臣就是具臣。

　　二是凡君主所说的都称善,君主所做的都说好,私下探察君主喜欢什么就进献什么,使君主感到欢快,苟且迎合,蛊惑君主寻欢作乐,不顾后果如何。这样的人臣就是谀臣。

三是胸中阴险而貌似恭谨,嘴上说得好听,脸上装得和善,心中却嫉妒贤能。对所要举荐的人就只言其美而隐匿其恶,对所要排挤的人就只言其坏而不说其好,使君主任人失当,赏罚不明,号令不行。这样的人臣就是奸臣。

四是才智足以掩饰过失,口才足以进行辩说,虽然都是歪理,但能够讲得头头是道。在内离间君主的骨肉之亲,在外嫉贤妒能扰乱朝廷。这样的人臣就是谗臣。

五是专权擅政,操纵国家大事,结党营私为自家聚敛财富,又扩大淫威,假托君主的旨意以抬高自己。这样的人臣就是贼臣。

六是专说邪僻不义的诡言,陷君主于不义,结党营私以蒙蔽主上,当着君主的面花言巧语,背后则另说一套,使黑白混淆,是非颠倒,暗中窥测可以排挤的大臣就依附君主而将其排除,使君主的恶行传遍境内,远播于四方邻国。这样的人臣就是亡国之臣。

以上就是六邪之臣。那些贤臣信守六正之道,而不行六邪之术,所以他们能使上者安定,下者治理。他们活着的时候受人们的爱戴,死了以后被人们怀念。这才是人臣所应该努力去做的。

刘向这里讲的虽是“人臣”,但是这六正六邪对所有的领导、官吏们都适用;他的“六正六邪”作为衡量“人臣”“官吏"的标准,虽不免有历史局限性,但对我们考察为官者和识别人的善恶好坏,仍有着重要的价值。

魏徵的识人秘诀

魏徵是唐太宗的谏臣,深得太宗的赞赏,也是中国历史上最敢于直言进谏的人物,而太宗则是中国历史上最虚心纳谏的一位帝王。虽然太宗愿以开阔的胸襟接纳下臣们的直言,但直言并不一定就是正确的意见,因为治国理政是极其复杂的问题,同时也不能完全保证没有非分之图的人物。因此,对各种各样的人不能不有所考核和识别,对各个人的直言陈述也不能不考虑是真知还是谬见。

在一个单位和组织里,如果有人提出错误的意见和建议,却被多数人所附和或认可,其后果是不堪设想的。身为领导人,到底怎样做才能网罗到既有德又有才、敢直言又能提出正确意见的有识之士呢?

有一天,魏徵援用了汉朝刘向识人的"六正六邪"法,并以此作为基准,向唐太宗陈述了自己观人、识人的秘诀:

> 贵则观其所举,富则观其所与,居则观其所好,习则观其所言,穷则观其所不受,贱则观其所不为。因其材以取之,审其能以任之,用其所长,掩其所短。进之

以六正,戒之以六邪,则不严而自励,不劝而自勉矣。

"贵则观其所举",这就是说,已经显贵的人,看他推荐和起用的是哪种人,就可以知道他本人是否可以值得信赖;"富则观其所与",对富裕的人就观察他的修养,如有些人一富有便做投机生意,或行贿拉拢,或自以为是,或奢华无度,或无所事事,等等,这种人是靠不住的。"居则观其所好",就是观察一个人平日的嗜好,就可知是否能托付大任。"习则观其所言,穷则观其所不受,贱则观其所不为",都是指观察一个人的习惯言行,以及贫贱时的所作所为。如果一个人经常滔滔不绝而又言不及义,在穷困时便失去志节,收受不义之财,什么事情都做得出来,那么他就是不可靠的人。

魏徵识人的经验之谈,应该说是颇有启发意义的。

管仲论值得信赖的人

管仲原是齐桓公的政敌,在好友鲍叔牙的保护和推荐下,齐桓公不但没有杀掉管仲,反而予以重用,充分发挥管仲经国理政的才干。

齐桓公纠合诸侯而成为显赫一时的霸主,是个不平凡的人物,但他的霸业多半是在管仲的辅佐下实现的。据史书记载,管仲生大病时桓公前往探访,并顺便要管仲推荐继承他的人。

管仲

　　管仲聪明过人，于是试探地说："知臣莫过于君，知子莫过于父，请君王告诉我您打算用何人？"

　　桓公说："鲍叔牙如何？"

　　"不行。鲍叔牙性格刚愎又感情用事。刚则无法厚待人民，愎则无法专心，容易感情用事，人民就不能对他心悦诚服。"

　　"那么，竖刁此人怎样？"

　　"不成。爱护自己身体，本是人之常情。可是，他知道您嫉妒心强又喜爱女色，竖刁就去破坏自己的生理机能而当上后宫的总管。像他这样连自己都不爱的人，怎能对君主忠诚不贰呢？"

　　"那么，卫公子开方如何？"

　　"也不行。齐卫之间只有十来天的路程就可以到达，可他为了讨好您，十五年来竟然从未回家省亲，这是不人道、无情无义的行为。对于自己父母都没有亲情的人，又怎么会对君主忠心呢？"

"那么，易牙他如何呢？"

"更不行。他知道您喜爱美食，只有人肉还未曾吃过，就将自己的孩子蒸熟了献给君王享受。喜爱自己的孩子才是常情，可是易牙却将儿子献给主公，连亲生儿子都不要的人，哪会对君主忠诚呢？"

"那么谁才好呢？"

"隰朋的性格坚强而又廉直，淡泊寡欲，值得信赖，他才是辅佐君王完成霸业的合适人选。"

然而，管仲死后，他所竭力推荐的隰朋没有得到桓公的重用，而竖刁却获得了"卿"的职位。三年后，桓公重病，竖刁、易牙、卫公子开方等大臣反叛，把桓公关在宫中。直到此时，也许桓公该有所醒悟，悔不听管仲的建议，以至造成如此大的悲剧。如果听了管仲的建议，能知谁为善，谁为恶，并不失时机地坚决执行，也许就不至于落得如此下场了。不久，齐桓公竟在宫中被活活饿死了，死后六十七天才下葬。

看来，管仲的分析和推测是不无道理的，一个人如果对自己、对父母、对儿子都无情无义，肯定是不可靠的，也不可信任和重用；而且更重要的是，竖刁破坏自己性机能、卫公子开方不回国省亲以及易牙杀子献给君主享用，其背后都有不良的用心,这叫心术不正。所以,有些人的行为看起来"大公无私"或"效忠君主",其实是一种伪装,是一种手段,是投其所好。对此,领导者不可轻易上当受骗才是,需明察秋毫,看穿其用心和本质。

凌弱必附强,抑强必扶弱

东晋大将军王敦死后,他的哥哥王含想去投奔王舒,而王含的儿子王应却力劝父亲去投奔王彬。

王含说:"王敦大将军生前和王彬没有什么交往呀,我们为什么还要投奔他?"

王应说:"这正是投奔他的原因。王彬在别人强盛时能另立门户,这是具有不一般见识的人才能做到的,现在他看见我们衰败了,也一定会起慈悲怜悯之心;王舒这人一贯守旧,怎么能破格行事呢!"

但是其父王含不听,两人还是径直投奔王舒去了。果然,王舒把王含父子两人都设计沉入江中。

而王彬最初听说王含父子要来,就秘密准备好船停在江边等待,结果没有接到人,因而深感遗憾。

晋国有个叫中行文子的人因政治斗争失败逃亡在外,一天从某县城路过,随从说:"这地方有个人,是您的老相识,为什么不在这里歇歇脚,等等后面的车?"

中行文子却说:"我曾经喜欢音乐,这人就送琴给我,又听说我喜欢佩饰,他就赠我玉环,这是个只会讨好我而不规劝我改过的人,现在我去找他,恐怕他要出卖我去讨好别的人了。"于是,便很快地离开了这个县城。

果然,这个人扣下了中行文子后面的两辆车,献给新主子去了。

蔺相如过去曾经是宦官缪贤门下的食客。一天,缪贤犯了罪,私下商议准备逃到燕国去。相如问:"您怎么知道燕王可靠不可靠?"

缪贤说:"我曾随赵王与燕王在边境上会见,燕王私下握着我的手说:'我愿与你结为朋友。'因此这次敢去他那里。"

相如却劝他说:"那时赵国强大,燕国弱小,而您当时受到赵王的重用,所以他要结交您。如今,您是从赵逃到燕的,燕一向怕赵,一定不敢留您,而要把您押送回赵。您不如袒胸背斧(刑具)到赵王那里去请罪,或许能够幸免。"

缪贤最后采纳了相如的计策,果然化险为夷。

这几个故事,可以说王应、中行文子和蔺相如看人识人,已经洞察到了人情世故的细微隐蔽之处了。虽然人心要比天上的浮云更难测定,但人情世故也并不是毫无规律可以把握的。人的本质、性格、爱好、品德、气质和为人好坏,很难凭一两天时间或一两件事情下结论,但是日久见人心,人们平时的所作所为背后都有其真实的动机,从而反映和表现出其人品德性以及为人处世的风格。那些喜欢欺负弱者的人,一般总是要依附、讨好强者的;反之,那些不屈从而能抑制强者的,一般却总能同情、理解和扶助弱者,这就是一条重要的识人之法。

李斯谏秦始皇逐客

李斯是战国末楚国人,年轻时做过掌管文书的小吏,后来投师于当时的儒学大师荀况,学习"帝王之术",即治理国家的学问。学完后,先后研究了当时各国的具体情况,决定到自己认为较合适的秦国去,也许在那里可以干一番大事业。

李斯到了秦国,不久得到秦相吕不韦的器重,当上了一名小官。后来,他上书秦始皇说:凡是干成大事业的人,都必须抓住难得的时机。现在秦国力量强大,消灭六国如扫去尘土般容易,正是完成帝业,实现天下统一的大好时机。秦王觉得有些道理,就提拔他做了长史。

尔后,李斯又劝秦王派人用金玉去收买、贿赂、离间各国的君臣,果然收到很好的效果。李斯又被封为客卿。

不久,韩国怕被秦国灭掉,就派水工郑国到秦国鼓动大规模地修建水渠,其目的是想借此削弱秦国的人力物力。但这事很快便暴露了,秦王一气之下便下令把外来的所有客卿驱逐出秦国。李斯是楚国人,也在被驱逐之列。李斯面对这无情的"灾难",就大胆给秦王上了《谏逐客书》。在谏书中他说:从前秦穆公从西方的戎国请来由余,从东方的楚国请来百里奚,从宋国迎来蹇叔,任用晋国来的丕豹、公孙支,因为任用他们而兼并了二十国,称霸西戎。秦孝公用客卿商鞅而强大起来。秦惠王用客卿张仪,拆散了六国的合纵抗秦。秦昭王用客卿范雎,加强了王权。如果当初这几位也被君王下令驱逐,秦国就不会像现在这样强大了。秦王的许多珍珠、宝玉、美女、好马,都是从别国得来的,为什么别国的人才却不要呢! 这样做的结果,只会加强各国的力量,而不利于秦国。

秦王见谏书后,采纳了李斯的意见,取消了逐客令,并封李斯为廷尉。这时,本来即将被杀的韩国那位水工郑国也向秦王进言:水渠修成之后,可以"为秦建万代之功"。秦王觉得有理,就没有杀他,让他继续领导修水渠的工作。显然,李斯的意见,对秦国网罗天下人才,最后统一六国是有重要作用的。在秦始皇时代,一大批各国网罗来的客卿对秦国经济、政治、军事、文化的迅速发展,作出了积极的贡献。

这个历史故事告诉我们一个道理:是不是该深信、使用人才,不能以他们的出生国别、出生地域和出生家庭来衡量,只要是德才兼备的合格人才,就要以诚相待,大胆提拔重用。而且,也不要搞"连坐法",一人有过失,就波及其他无辜者,打击一大片。在现实生活中,这些现象并不是完全没有,值得引起领导人注意,特别在任用干部时,不能只把眼光局限于自己所熟悉的人,或者自己的老部下。有条件和可能的话,要广开人才的渠道,从全国各地、世界各地收罗对我有用的人才,这样做于人于己都有益处。

知而知之

　　要识别人,最难的要数知人之心了。要知人之心,就要通过察言观色去细心揣摩对方。人心是一部最难读的书,一旦了解和掌握了对方的真心实意之后,就能掌握驾驭对方的主动权。这叫知而知之,或者也可以叫"知而使之"。

　　战国时代,有一位很善于揣测对方之心和游说诸国的说客叫淳于髡。据史书记载,他屡次出使各国,都不曾有负使命,在当时很有些名气,各国都久闻其名。有人曾先后两次把淳于髡引荐给魏惠王,惠王都单独接见他,而他却始终一言不发。惠王深以为怪,便责备引荐他的人说:"你推荐的淳于髡先生见了我一句话都没有,难道是我不配与他说话吗?"这人把话转告淳于髡,淳于髡回答说:"是这样的,我第一次见大王,大王全心全意在想驰马出猎;第二次见大王时,他又一心在声乐歌姬上,所以我沉默不语。"惠王听了这话,大为惊骇说:"啊呀,这位淳于髡先生,简直是圣人了!前次淳于髡先生来时,适巧有人献来良马,我还来不及察看,就先接见先生。第二次来时,又碰巧有人献来歌姬,我还来不及试听,就又来接见先生。当时我虽然让左右侍从退下,但私心所恋,的确全在良马和歌姬啊。"之后,惠王再见淳于髡时一连谈了三天三夜,毫无倦意。淳于髡之所以名扬各地,就是因为他精通这门"读心"之术。

知而不知

有时候知道别人之心后,要使其知之,把它"公布"于世;有时则必须知而不知,秘而不宣,这是因人因事而定的。

为了达到说服对方的目的,必须了解和掌握对方的心。对于说服君主之难,韩非子说:"大凡向君主进谏的困难,不是难在我的才智不够用来向君主劝说,也不是难在我的口才不能阐明我的主张,更不是难在我不敢纵横如意地把意见全部表达出来;大凡进谏的困难,在于了解进谏对象的心理,以便用我的话去适应他。"也就是说,了解对方的心理是进谏的前提。

圣人孔子也指出过，向自己的长辈进言时，应避免三点。

一、"躁"。也就是说，在对方征求你的意见之前，便急于发表意见或妄加评论。

二、"隐"。当对方征求你的意见时，默不作声或隐瞒自己的观点。

三、"瞽"。发表你的观点时，不去观察对方的脸色，揣测对方的心理。

上述是向长辈进言时，应避免的三点。实际上，在相当的程度上，它们同样适合于现代企业管理。揣摩对方的心理，乃是说服对方的基本前提。韩非子认为，揣度人心并不难，最困难的是，当你了解了对方的心理之后，如何采取相应的措施。为此韩非子举了一个例子。

齐国重臣隰斯弥去见邻近的田成氏，田成氏陪隰斯弥登台四望。三面皆畅，但南望时，隰斯弥家的树挡住了视线。田成氏沉默不语，隰斯弥归家后便叫人砍掉树木。然而，刚砍了几个口子，又改变主意不让砍了。管家莫名其妙，便问："为什么变卦？"隰斯弥回答说："古者有谚曰，'知渊中之鱼者不祥'，知人之秘，乃不幸的祸根。田成氏想要干一番大事业，而我却显示出知道他的隐微，那我必定危险了。不伐树，未有罪也；知人之所不言，其罪大矣。"最终没有砍树。

是不是隰斯弥神经过敏,太多虑了呢? 非也。当时,田成氏野心勃勃,对齐国的王座虎视眈眈。在这种十分不利的情况下,隰斯弥要想保护自己,必须十分慎重。要想在动荡不安的世界里保护自己,就必须掌握正确的处事艺术。

第七章　将将之道

对于领导人来说，他们的主要职责、主要精力是如何协调和领导好自己的部属；领导职位越高，要打交道的部属就越多；一国之主，那就是领导的领导了。

领导人对自己部属的组织、管理、指挥和使用，就是"将将""驭将"；其组织、管理、指挥和使用之方式、方法、途径和手腕，就是"将将之道""驭将之术"。为什么有的领导人能把自己部属或全体员工紧紧地团结起来，同心同德，奋发努力，充分调动起大家的积极性和创造性呢？重要的原因就是他们有种种高超的"将将之道"。

凡要干大事、成大业的人，不可不注意和学会种种"将将之道"。

尊之以礼，给之以名

善于招才纳贤，是高明领导的重要标志。但招才之法很多，其中尊之以礼，给之以名，是招才、用才的基本方法之一。

燕昭王礼贤下士，励精图治，是战国时代一位很有作为的国君。有一次，他向手下一位官员郭隗问治国理政之道。郭隗说："那些能够称帝的国君，把臣子视为老师；那些能够称王的国君，把臣子视为朋友；那些能够称霸的国君，把臣子视为贵客；那些最终亡国的国君，把臣子视为奴仆。就看大王自己如何选择了。"

燕昭王说："我很愿意学习，但是现在没有老师呀！"

郭隗就回答说："大王如果真的想振兴国家，我郭隗请求为天下有识之士开路。"

于是，燕昭王为郭隗重新修建了寝宫，尊他为老师。结果，不到三年间，就有不少天下之才投奔到燕国来了，如乐毅从魏国来到了燕国，邹衍从齐国来到了燕国，剧辛从赵国来到了燕国。

看来，郭隗的确通晓招贤纳士之术，也颇有堂堂大臣的气象，不愧为帝王的老师。他给燕王出的主意，就是用礼贤下士、尊重知识、尊重人才的方法来招引天下有识之士。这一方法看来古今中外都颇为有效。

给人以名和官职，同样是招贤纳士的有效方法之一。据说，汉末有一位名叫许靖的高官，在远近都很有些名气，他足智多谋，品行高洁，在刘璋手下曾做过巴、蜀等郡的太守。刘备打败刘璋后，封许靖为将军长史、汉中王傅，既对他以礼相待，又给之以名和官职，这使蜀地的士大夫们都一心报效朝廷了。

明于知将，以爱驭将

大凡杰出的政治家、军事家无不知人、知将，特别是能爱护以及恰到好处地使用自己身边的助手或部属，因为运筹帷幄、决胜千里的统帅，需要有得力的助手指挥行阵，才能使自己的战略意图和政治谋略付诸实施。唐太宗可以说是一个知将、爱将并善于用将的军事家、政治家。

唐初边疆的战事是以广阔的草原、沙漠作为战场的，环境极其艰苦，气候非常恶劣，给养补充异常困难，路途又相当遥远，一定要选择知兵善战的将领统率军队不可。唐太宗深知李靖知兵和用兵的才干，因此，无论是征突厥，还是平吐谷浑，他都选中李靖为全军的统帅，这是他知人善任的表现。

李靖果然不负太宗厚望。出师即旗开得胜,决战又马到成功,原称雄于漠北的东突厥不堪李靖率领的铁骑的袭击,不到数月就彻底垮台,短促的战期,辉煌的战绩,均为唐初武功的楷模,意义重大。

贞观八年(公元634年)底,唐太宗欲打开河西走廊的通道,决计西征吐谷浑。太宗反复考虑,心目中理想的统帅仍然首推李靖,便对大臣们说:"得李靖为帅,岂非善也!"但是,这时李靖已年过花甲,且又患病,太宗真的不忍开口为难老将军。可是,知将、用将之心又驱使他非请李靖出马不可。

不久,"上欲得李靖为帅"的意图被李靖窥知后,老将军感奋不已,随即不顾年老有病,毅然请行,唐太宗"大悦",于是任命李靖为西海道行军大总管,"节度诸军",指挥战事。

唐太宗所以一意倾心于李靖,是因为他十分明了李靖知兵、用兵之才的缘故。李靖在战争中所显露出来的军事才能,深受太宗赏识。

作为领导人物,明于知将、知人善任固然很重要,但是还必须善于驾驭将领才行,使将领乐于为其所用。如果将领或部属身怀奇才却不肯为你尽心出力,那也枉然。要充分调动将领带兵作战、部属尽力肯干的积极性,还需要通过种种正确的手段和途径"驭将",使其乐为所用。但是,不管

李靖

采取什么手段和方法"驭将",其目的和出发点都必须是"爱将",关怀、爱护、重用将领和部属,他们才能尽心尽力、尽职尽能。

贞观四年(公元 630 年)时,有一位叫萧瑀的御史大夫曾上书,弹劾"李靖破颉利牙帐,御军无法,突厥珍物掳掠俱尽,请付法司推科"。但是,唐太宗"特敕勿劾",并且令"李靖入见","大加责让,靖顿首谢"。唐太宗对李靖明显是曲意保护而不加罪罚,私下却召见他严加责备而不轻纵。这真可谓宽严相得,刚柔相济,真心实意关怀和爱护部下。

过了一段时间,有人问太宗为什么要这样做。他解释这样做的原因是吸取了隋文帝"有功不赏,以罪致戮"的教训,与此相反,他采取了"驭将以爱"的方法和谋略。不久,唐太宗还给李靖加官,升为左光禄大夫,并赐绢千匹,增加食邑户数至五百户。后来,太宗弄清了所谓"御军无法"是谗毁之言,便让他不必介意,且再次赐绢两千匹。到贞观八年(公元 634 年),李靖已官至尚书右仆射,他就以病辞谢了。这年底,太宗又以"特进"名义召他"每三两日至门下、中书平章政事"。由此可见,唐太宗对李靖是特别垂青的,这当然使李靖感恩不尽,竭其力用,主动承担了平定吐谷浑的指挥重任。

作为领导人物,能得到像李靖这样知兵善战的将领是很幸运的,这对顺利实现其军政战略意图是不可缺乏的,而作为将领、部下,能有像唐太宗这样知将、爱将的领导和上司,更是终生的幸运。有些领导人物虽明于知将,但不一定知道如何爱将和驭将;有些领导人物只知道批评、责罚部下;而有的领导只会做老好人,只知道奖赏部下,而对部下的过错视而不见,甚至姑息、纵容。所有这些,都不是真正的"爱将"。显然,如何知将、爱将和驭将,是很有门道和艺术的。

真诚对待和信赖部下

东汉末年,天下大乱,群雄四起,相互混战,争夺天下。

少者拥兵数千,多者拥兵数万,但经过一段不长的时间,强者和弱者很快便见分晓,胜者脱颖而出,败者纷纷销声匿迹。

据说,刘备举兵之时,也不过一两百人马,用现在的话说,一无资金,二无经验,徒手创办企业,即使有人援助,也很难成功,最终也许只会给那些善意的支持者添麻烦。故刘备的前半生经历坎坷,屡遭失败,好不容易有了好机会,往往又突然失去,在动荡的时势中沉浮。自举兵起事以来,时已二十几年,人也近五十了,却一直不得志。

刘备

但是,刘备晚年却在四川成都建立了自己的地盘——蜀国。虽说蜀国国力极弱,与魏国无法相比,但对白手起家的刘备来说,已是难能可贵的了。刘备无才,晚年却有所建树,其原因是什么呢?我们知道,举兵以来一直跟随刘备南征北战的关羽、张飞二位战将以及军师诸葛亮等众多部下，都能同心协力，共同拥戴刘备，为建立蜀国立下汗马之劳，所以，与其说是靠刘备的才智，倒不如说是部下们共同努力的结果。从这一点上来看，刘备肯定是位值得部下信赖的领导。

作为领导人，要让部属心悦诚服，博得其真心的信赖，首先自己要真诚待人，真心实意地信赖、尊重部下。从刘备与诸葛亮亲密无间的关系中，便可以清楚地看出刘备的高尚品德。当时两人的身份、年龄相差悬殊：刘备虽不得志，但广为人知；诸葛亮虽得到了周围一部分人的钦佩，但在当时却还默默无闻；刘备已年近五十，而诸葛亮只不过是个二十几岁的年轻后生，但刘备礼贤下士，三次拜访诸葛亮，诚恳地邀请诸葛亮当军师。这就是众所周知的三顾茅庐的故事。刘备真诚、谦逊的举动深深地打动了诸葛亮，这从诸葛亮上奏后主刘禅的《出师表》中可以看出：

> 先帝不以臣卑鄙，猥自枉屈，三顾臣于草庐之中，咨臣以当世之事，由是感激，遂许先帝以驱驰。

诸葛亮充任军师后，刘备对他非常信赖，将作战计划全部托付给诸葛亮。一直跟随刘备的战将关羽、张飞两人，对刘备过于信任诸葛亮的行动曾极为不满，刘备知道后召见两人，耐心相劝："孤之有诸葛亮，犹鱼之有水也，愿诸君勿复言！"自此两人才作罢。诸葛亮知道此事后，更加感激刘备的知遇之恩。不只是诸葛亮，其他部下受到如此礼遇，也一定会肝脑涂地而在所不惜的。刘备所表现出来的这种谦虚、信赖的举动，如果只是表面装装的，哪怕有一点点虚伪，也绝不会如此打动人心，相反，倒会事与愿违，起到相反的作用，刘备这种举动的可贵之处，就在于是完全出于真诚的。刘备不仅对诸葛亮是如此，对其他部下——不论职位高低，身份贵贱，都一视同仁。

刘备能使部下们拼死为之效劳的魅力，其源泉就在于对部下的谦虚和信赖。从历史上看，有的人虽能很快组织起一部分人来，但遇上失败，人们又会纷纷离他而去。前面已经谈到，刘备其人，既无军事才能，又无政治手腕，屡屡败北，故当时就有人评价刘备不谙兵法。而其手下战将，尽管有人意识到刘备不谙军事，但绝没有逃跑之意，反而他越不谙军事，人们就越不愿离开他，这本身就是一种本领。

刘备晚年败于夷陵之战。在此之前，守卫荆州、举兵以来一直与刘备同甘共苦的关羽，被东吴孙权设计杀害。夷陵之战就是刘备为报关羽之仇而一气之下发动的。《孙子兵法》认为，为将者作战时不应感情用事，刘备为泄私愤而发动的这场战争与此背道而驰，蜀国群臣亦皆反对，认为蜀国的主要敌人不是东吴的孙权，讨魏才是蜀国的主要目标，主张放弃讨吴的计划。

但是，刘备无视群臣的建议，强行发兵，讨伐东吴，结果导致失败。幸好留得性命,逃归白帝城。但因受惊过度,生命垂危,开始安排后事,把诸葛亮从成都召来,托孤于诸葛亮,对诸葛亮说:"君才十倍曹丕,必能安国,终定大事。若嗣子可辅,辅之;如其不才,君可自取。"

对此,诸葛亮跪下哭泣说:"臣敢竭股肱之力,效忠贞之节,继之以死!"

刘备死后,诸葛亮信守誓言,尽心全力扶持平庸的刘禅维持蜀业,以此报答刘备的知遇之恩。

刘备不谙军事,部下却不离开他而另投新主,这必然是刘备有什么东西能吸引和凝聚部下。因为自己同甘共苦的将领被人设计谋害而力排众议,为泄私愤而发动战争,这样做确属用兵大忌,领导应以国事为重、从长计议,不可凭一时的感情行事,何况君子报仇十年不晚;不过虽然此战失败,而且险些送了自己性命,但是我们却从这里清楚地看到了刘备的处事为人的风格,看到了刘备对自己部下的真诚关怀和爱护,也就是对部下的赤诚之心。

看来,刘备主要是靠赤诚之心去团结、吸引部下和调动部下积极性的。试想,假如关羽死而复生,该如何报答刘备之恩?难怪诸葛亮在刘备死后始终信守誓言。

大动干戈保部下

善于驾驭和使用部属的领导,平时对部属往往要求较为严格,但在关键时刻,只要可能的话,就会想方设法保护部属,为部属的实际利益着想,有时甚至付出重大的代价去保护部属。这样的领导才能令部属信服和尊敬,并尽心尽力为其效力。

王猛是前秦皇帝苻坚的重臣,他曾率领重兵十六万去讨伐前燕。一天,王猛派遣将军徐成去侦察燕军虚实,命令他必须在太阳当顶的时候回来报告,但徐成直到黄昏时分才返回。王猛十分生气,发怒要把徐成斩首。徐成的顶头上司邓羌将军见此情景,觉得大事不妙,于是为徐成求情说:"现在敌众我寡,明天早晨就要开战了,最好还是宽恕了他吧。"

王猛一听,仍旧十分生气地说:"如果不斩了徐成,军法的威严就会丧失。"

邓羌将军觉得斩了徐成对我方损失太大,在双方即将开战之际,简直是帮敌方的忙,于是继续求情说:"徐成是我的部将,虽然他违期返回该斩,但是,作为他的上司,我愿意与他一起拼死在战场上,以此求得赎罪。"

王猛还是无动于衷,不同意改变斩首的想法。邓羌见王猛如此无情,也十分愤怒,发起了火,他马上回到自己的兵营,擂响战鼓集合部队,大动干戈,准备率兵攻打王猛。

王猛看到邓羌对自己部下如此关怀和爱护,既讲信义又刚勇异常,就立即派人告诉他说:"将军不要动武,我现在就赦免徐成。"

徐成被赦免后,邓羌亲自来向王猛道谢赔罪,王猛拉着邓羌的手笑着说:"我不过是想试探一下将军罢了,将军对部将尚且如此,对国家还有什么好说的呢?"

要评说这个故事,可谓仁者见仁,智者见智。比方说,违犯了法令军纪而请求宽宥,是讲私情;邓羌居然还擂响战鼓,集合部队反抗上级,可谓是有些蛮横,至少是过于强悍了。对王猛来说,部下将动兵攻打自己,就因此赦免了违法乱纪的下级,岂不极大地损害了主帅的威严吗?如此等等。

然而,后来邓羌和徐成齐心协力,拼死作战,终于大败燕军,以此还报了主帅赦免之恩,这与王猛要显示一下主帅的威风相比,哪个更重要、更值得、更有利于全军和国家的利益呢?其次,虽然说军法是很严厉的,军纪也是违背不得的,然而,它们是用来为消灭敌方和保护我方力量服务的,又何必非要用来惩罚奋勇杀敌的将军呢?当然,这并不是说这样就可以随意违反军法军纪,只是一旦因种种原因出现可以宽恕的过失时,则不必僵死不变、机械执行。正所谓

"圆若用智，唯圆善转"，智慧好像圆圈一样，是可以灵活转动的，能够随机应变，智慧就因此而灵妙无穷了。

楚庄王不辱失态之臣

人都有优缺点，作为领导人，择人用人，不在于如何去发现和减少人的短处，而在于发现和发挥人的长处，有时候，也不能因为部属有过错就置人于死地，若是小小的过失，更要给人留面子，即留悔过改正的机会。如果因为"小过"而葬送一个人才的命运或使自己失去一位有识之士，那就是因小失大，得不偿失了。高明的领导，有时为了不因小失大，甚至要巧妙地为部下"护短"。

下面的这个故事，是值得做领导者深思的。

有一次，楚庄王大宴群臣，宫廷里热闹非凡。为了助兴，庄王命令一个美女依次为众人斟酒。黄昏时分，个个喝得酒酣耳热，蜡烛也渐渐燃尽了。有个大臣趁着酒兴和天色昏暗之机，就动手动脚，偷偷牵扯那个美女的衣服，显得有些失态。美女也不客气，就顺手拉断了这位大臣的帽缨，尔后拿到有灯火的地方去辨认。

楚庄王虽也喝了不少酒，却还没有醉，这一切他看得清清楚楚，心想，何必因为一位大臣的酒后失态而使他受辱呢？于是灵机一动,果断地下令说:"今天你们来与我饮酒作乐,不拉断帽缨就不算玩得痛快。"

众大臣听罢,又大喝一阵,纷纷拉断帽缨,一起狂欢作乐,直到尽兴才罢宴而去。

后来,楚国围困郑国,战争开始,楚国有个臣子勇猛异常,常常同敌人交锋不过五个回合便取下敌人首级。待围郑战役取得胜利后,楚庄王询问那位下臣何许人也。结果他发现,这位下臣就是那天晚上被那个斟酒的美女拉断了帽缨的人。

显然,楚庄王当时不但不辱下臣,而且设法保护这位失态的下臣,使其"蒙混过关",应该说是很高明、巧妙的,充分显示了楚庄王的为人和帝王气度。

信任部属不可朝三暮四

领导人往往由于听到各种议论或谗言或谣言而对自己原来信任的部属产生怀疑,从而采取"临阵换将"或限制部属领导权限的措施,结果常常害人误事。

秦武王要攻打韩国的宜阳,于是派左丞相甘茂出使魏国。但当他约魏伐韩的外交成功时,却并没有立即向秦王奏请攻打韩国,回国后反而劝说不要伐韩。秦王知道内中必有缘由，于是便召见甘茂详查细问。

甘茂对秦王说："鲁国有个与曾参同名同姓的人杀了人。旁人告知其母：'你儿子杀人了！'曾参母亲泰然自若，仍然织布。又有人告诉她：'你儿子真的杀人了！'她仍没停机。待第三个说：'你儿子真的杀人了！'她就沉不住气，'投杼下机，逾墙而走'。"

甘茂接着又对秦王说："当年魏文侯命令乐羊攻伐中山国，三年克敌，回来论功行赏时，魏文侯给乐羊看别人诽谤他的满满一筐材料，乐羊一再拜谢，说：'这次出征，不是我的功劳，全靠国君的支持。'"

甘茂讲到这里停了一下，进而向秦王指出：我并不是惧怕去攻打韩国，实则担心大王到时听信朝廷中某些大臣的议论，使将领在外作战时受到限制，这样，战争必然会半途而废。

秦王听后就完全明白了甘茂的意思，于是在息壤设台盟誓。

不久，甘茂率军攻打宜阳，连续五个月都没有攻下来，于是朝廷的大臣果然议论纷纷，秦王听了大臣们的非议后真的想罢兵了事。这时，甘茂就提醒秦王："息壤在彼！"秦王一听，也就明白了，并且很快发兵增援他。结果，甘茂斩杀敌军数万，终于夺取了宜阳，进而又迫使韩国向秦求和。的确，如果领导人事先对部属已经有较多的了解，认为值得信任，而且有能力和才干完成任务，能胜任某一工作，并有责任感、进取心和主动性，就应该充分信任部属，给其自主权，不可轻易被他人的议论或谗言或谣言所左右，也不要对部属的行为擅自干预或牵制。如果对部属半信半疑、朝令夕改，对部属的职权和行动干预限制过多，那不但会使部下无所适从并压抑其积极性，同时还必然影响领导者的权威和感召力，影响组织里的团结力和战斗力，各种歪风邪气就会泛滥、扩散。

听信谣言，必误大事

领导要勇于听取各种不同意见，注意收集不同的消息，了解各种情况，但是，也要有分析和判断，不可在情况不明的时候轻信。在领导耳边常常会有各种干扰的声音，其中包括各种谣言，这点要特别注意。

在人背后悄悄讲别人坏话是最可怕的事，特别是重复的谎言、谣言，次数多了，会使听者心神不安，信以为真。如据此作出论人断事的决策，后果可想而知。因此，高明的领导应不受那些闲言碎语的干扰，对人对事要谦虚公正而不抱任何偏见成见，不主观武断。

在中国历史上，燕惠王就是因为听信谣言才误了国家大事的。

燕国曾被齐国攻破,燕昭王即位后,广泛招贤纳士,来了很多人才,乐毅就是其中之一。燕昭王很欣赏乐毅的贤明和军事才能,也很信任和器重乐毅。一次,他和乐毅商量如何去讨伐齐国。

乐毅献计说:"想要伐齐,除了和秦、楚、三晋协力合作外,没有其他办法可以取胜。"

燕昭王接受了乐毅的这个建议,于是派乐毅率领军队并去联合其他五国,一起攻打齐国。很快,六国军队就击破了齐国七十余城,齐国仅剩下莒和即墨两城了。可是正在关键时刻,燕昭王逝世,由其子惠王即位。这个时候,对燕国来说已经没有多少值得担忧的了。乐毅因种种原因没有一鼓作气拿下最后两城。他先把齐国被攻下的地方改为燕国的郡县,同时将齐国的财宝送回燕国,使得燕国一时间更加富裕和强大。

但是,齐国镇守即墨城的将军也非等闲之辈,而是机智勇敢的田单。他为了挽救即将灭亡的齐国,施了一计:悄悄派奸细潜入燕国并广为散布谣言,说乐毅一直没有把剩下的两城攻陷下来,是为了延长战争,在齐国等待时机,企图自立为王。结果,这些谣言很快传到惠王那里,惠王不知实情,也未细察,就信以为真,加上之前和乐毅不对付,就通过一番谋划,派大将骑劫替换了乐毅。

然而，骑劫的军事才干和谋略远远不如乐毅。田单见燕国中计，很是高兴，于是使用种种计谋，诱骗骑劫上当，最后以"火牛阵"把骑劫打得落花流水，并乘胜一一收复了齐国的故地。

燕惠王轻易听信谣言，临阵换将，结果惨遭失败，误了国家大事，事后后悔不已，可惜为时已晚了。

此事值得领导者思考。作为燕国最高领导者的燕惠王不明不智，心少定力，轻信谣言而误大事，是不应该的。这一事例告诉我们的领导者，对自己部下要"知彼""知心"，不可轻易怀疑部下的忠诚之心和品行，用人不可处处疑神疑鬼。否则，是很难成大事的。

齐威王细察明断

战国时，孙膑所辅佐的齐威王，由于作风严谨，明察秋毫，对身边的人不轻易言听计从，凭实论人断事，并"信赏必罚"，使齐国国威大振，齐威王本人也因此被世人称道。

据说，齐威王即位后的九年间，几乎把一切朝政都委托大臣管理，自己很少过问。于是，周围诸国知道了这种情形，不断侵犯齐国的边境，威王见损失不大也未曾加以过多的理会。

　　九年后,他忽然召见即墨的大夫说:"自从你担任即墨的大夫以来,几乎每天都能接到诽谤你的报告。可是经我派人调查即墨的情况,田野不断开拓,人民的生活富足,衙门事务也处理得有条有理,使我国的东方边境没有任何危险的事情发生。这表明你是在尽心治理,从未贿赂我身旁的众臣。"于是,威王赐给他一万户的封地作为奖励。

　　不久,威王又召见阿地的大夫,说:"自从你担任阿地的大夫以来,天天都有称赞你的话进入我耳朵中,可是当我派人去调查阿地的实际情况时发现,不但田园荒芜,人民也贫困得无法为生,而且在鄄被赵国攻打时,你并未派兵去救援,就连卫攻占薛陵的时候,你也毫不知情。虽然不断有赞扬你的传闻至此,但这正表明你一直在贿赂我的亲信。"威王对他严厉批评指责后,将阿地的这位大夫和身边接受贿赂的亲信处以极刑。

　　在采取了这些赏罚和内部整顿的措施后,威王派军队对九年来曾侵犯齐国领土的诸国进行了报复,并取得节节胜利。这样一来,不但齐国的官员更信服威王,个个尽忠守职,而且连周围诸国都有所惧怕,几十年不敢侵犯齐国。齐威王注重实际调查,不被表面的、虚假的言语所迷惑,对各地情况和手下部属细察明断,做到心中有数,从而论人处世都胸有成竹,这是很明智的。

怎样赏罚皇亲国戚的功过

　　一般地说,领导人往往喜欢重用与自己有渊源关系的人或者过去一同"打天下""创天下"的旧臣部属,当然,那些非亲非戚的旧臣部属和有才有德的人,该用就得用,该赏就得赏,只是不要明显徇私情就行了。但是,对"皇亲国戚"、亲朋好友就要特别慎重,不但不能徇私情、看情面,而且要求要比非亲非戚者更严格一些才能令外人信服。历史上的帝制王朝是以家族为核心的,所以无论打天下还是治天下,朝廷文武百官的任用,几乎都类似一个家族公司。在现代社会里,领导人的"皇亲国戚"最好一开始就应加以回避为上。回避不了时,万不可以私情用人和赏罚,不说严人一等,但起码也要与他人一视同仁,凭公断人断事。这方面,唐太宗的做法对今天仍有很大的启发意义。

　　贞观六年(公元632年),唐太宗即位后初次论功行赏,把房、杜、长孙三人列为勋功第一,封中书令房玄龄为邢国公,兵部尚书杜如晦为蔡国公,吏部尚书长孙无忌为齐国公,并为第一等,食邑实封一千三百户。

　　但是,太宗的叔父,也就是唐高祖李渊的堂弟淮安王李神通,心里却不服气,遂向太宗提出意见,说:

> 义旗初起,臣率兵先至,今房玄龄、杜如晦等刀笔
> 之人,功居第一,臣且不服。

不错,在高祖起义的时候,神通就最先率兵参与,以后转战各地,为唐王朝的创立立下了汗马功劳。所以他自认为其功勋也应属第一才是。房玄龄等只不过是在后方执掌文牍的官吏而已,怎么可以得到比自己更高的奖赏呢?

神通的异议不无道理,一方面他为唐王朝立下了很大的功劳,另一方面又是皇亲国戚,唐太宗如果"偏爱"一点,让他功居第一也说得过去。但是,神通率兵征战的汗马功劳同玄龄等三人的勋功相比,在太宗看来只可屈居一等之后。于是太宗回答说:"国家大事,最重要的是赏与罚。赏当其劳,无功的人自然会退让;罚当其罪,为恶的人都会戒惧,由此可知赏罚不可轻行。……如今计勋行赏,玄龄等有筹谋帷幄、画定社稷之功,就如汉朝的萧何,虽无汗马功劳,却因策划指导功居第一。叔父你于国至亲,朕诚无偏爱,只是不可以因私人关系,便与勋臣同赏。"

太宗这一番宏论,乍听之下,似乎对亲戚很严苛,但同时亦合情合理地阐述了赏罚之事对治国安邦的重要性以及赏罚的严肃性,也说明了房玄龄等文臣谋划定策的重要性,行赏只可以功而论,不可依从私情偏爱;至于皇亲国戚,在行赏和处罚时以严要求为好。领导人物对自己的亲朋好友、家人亲戚以功行赏,甚至由此还吃了些亏、受了点委屈,

不但自己站得正、讲得响，而且周围的人都会说，领导处事是很公平的，对于"皇亲国戚"也不偏私而加以适当的赏赐或处罚，我们就更应自制自节，不能向领导提出分外的要求。如果领导采取相反的做法，偏私偏人，必然会让亲戚好友以外的人们心怀不满，打击他们的积极性和创造性，甚至造成部属有意无意的抵抗，后果自然十分消极。

因此，领导者在安排人事上，在行赏或处罚人时，必须自觉地将私人感情、私人利益排除于外，这是必须要做到的事。领导人也是人，处事论人、行赏处罚时难免会碰到这种那种的私情偏爱，有时会觉得于心不忍，左右为难，但也正是在这些事关私情私利的问题上才更能显示或考验出一个领导人的素质、人格、气量和风格，不可不予以重视。

对亲信不可酬劳过早

大凡高级领导，都会有几个自己的亲信、心腹，当然，有的是明的，有的是暗的。所谓亲信、心腹就是对领导十分忠诚可靠的人，同时能辅佐领导拟定策略，完美领会和贯彻领导的意图。因此，一个领导能成就大事，往往有自己亲信、心腹的功劳。但是，如何重用和奖赏他们却很有学问。

据《史记·孝文本纪》记载，汉统一天下后，外戚吕氏一族势大。高祖死后，吕太后带领其族人为所欲为。不久，吕太后死，刘氏族人齐王襄率先起兵，想击灭吕氏族人，自己当皇帝。随后，汉大臣们大多纷纷响应，将吕氏一族悉数诛杀。

当时皇帝的候选人有好几位，最后大臣们决定拥立代王刘恒。刘恒为高祖之子，未被诛杀。迎接刘恒的使者来到后，刘恒身边群臣都劝他不要前往京城，唯恐也会被杀害。可是，有一位负责治安的部下宋昌却说："群臣的意见都不正确，请大王不要害怕，尽管上京城去吧！"

当时宋昌并非代王的亲信、心腹，但是他能在紧急变故时提出妥善的处理方法，视主上的事业高于自己的一切，已经具备了做亲信、心腹的条件。但代王刘恒还是很谨慎，先派其舅父前往京城查看个究竟，然后才开始朝长安进发。

这时候，宋昌已成了代王的心腹之人，他和代王刘恒同乘一辆马车，其他身边群臣六人则乘另一马车，随同护驾。刘恒即位后，马上赏赐诛杀吕氏家族有功的大臣，而跟随刘恒到京城的七名亲信，则过了半年之后才得到奖励。宋昌被封为壮武侯，其余六人也被任命为大臣。

汉文帝这一着棋下得很高明，如果对自己身边的心腹酬劳过早、过高，心腹之人可能会变得骄横，会引起其他众臣的忌恨和不满。

怎样处罚旧臣部属的错误

唐太宗一向宽宏大量,连那些曾经想谋杀他的敌人他也能接纳重用。但是,宽宏大量并不是姑息纵容。太宗对那些官吏渎职贪腐、利用职权横暴民众的行为,是决不允许、决不宽恕的。《贞观政要》上说:太宗"深恶官吏贪浊,有枉法受财者,必无赦免。在京流外有犯赃者,皆遣执奏,随其所犯,置以重法"。因此,太宗的群臣多能清谨自守。

虽然太宗对贪浊用重法,但官吏收贿的恶习仍难以根绝。贪污的行为不但发生在某些一般官吏的身上,即使与太宗共过患难的近臣也有染上这一恶习的。贞观四年(公元 630 年),濮州刺史庞相寿,贪污有闻,因而被追究责任而解职。庞相寿进京觐见太宗,为自己的行为辩解一番,说:"我是陛下仍是秦王(李世民即位前曾被封为秦王)的时期就已在幕府侍奉的旧臣,绝不敢做出贪污的事情,请陛下明察。"

对自己旧臣的一番辩解,太宗当然不会轻易相信,他早已知道庞的贪污实情,但是回想过去创业以来与旧臣们同甘苦共患难的情形,不免心软而对庞相寿的辩解听之任之,这也是人之常情。因此,太宗便令人转告庞相寿说:"你是我旧时的左右,我很同情你的情形,你取钱物,应该只是因为贫穷。"

太宗的这句话多少与事实不符,显然是为庞相寿开脱罪过而找理由,实质是顾及与旧臣之间的情谊,只好如此找个借口。而且,太宗不但不追究庞相寿之过,还赠予物品说:"我现在赐你绢一百匹,还复原职,只是今后不要再犯了。"太宗这样做,或许可以视为不忘旧情谊的佳话,但这种同情哀怜,实在只应限制在私人之间的关系才好。因为私人间的知恩报恩、以情为重的事,外人无法评论,尚可成为美谈。但涉及国事公事,是绝不可这样做的,否则后患无穷。

谏臣魏徵知道此事后,马上进言说:"相寿贪浊,是远近皆知的事实,现在因姑念旧臣这种私人情谊,便赦免其贪污之罪,还要厚予恩赏,让他返回任所,官复原职。相寿的贪浊,可谓不知羞耻。陛下在秦王时期,侍侧的旧臣们为数甚多,假如个个都仗恃私人情谊,形成特权,必然会使为善者疑惧,对朝廷的忠诚产生动摇。"

确实如魏徵所说,若此风一长,自然会形成"秦王府阀"拥有某种特权,使有意为善者亦不愿意为善了。太宗的确是靠秦王时期旧臣的协力相助才取得天下的,太宗当了帝王后,当然不该轻易忘记旧臣部属之间的情谊。但如果基于私人情谊,而在处理公务时对旧臣部属特别礼遇,难免会造成党系派阀而产生种种弊害。

　　太宗听完魏徵所说的话,立即"欣然纳入"。于是私下引见庞相寿,语重心长地告诉他:"我以前当秦王,不过是一府之王。现在我位登九五,为天下之王,不能因偏袒一府而私自施加恩惠。本来我要让你复归原职而予重任,但是左右近臣进言说:'假使给你重任,凡有意为善行的人也可能不愿意再为善了。他们会认为皇上赏罚不明。'我认为近臣所说的话非常有道理。既然有道理,就不能依循私人的情谊去处理公事。所以我决定将你放归故乡。"同时,太宗又赐给他一些不太值钱的东西。

　　庞相寿听了太宗这一席肺腑之言,十分体谅太宗作为一国之君的苦衷,终于流着眼泪辞归故里去了。

　　唐太宗处理旧臣错误的过程,反映了他待人接物的哲理和态度。他很重过去同旧臣部属的情谊,但最后听纳魏徵的谏言而没有完全从私人感情方面处理公事,不过同时又多少渗透着一些私人感情,让旧臣部属明大义,存大理,他如此谆谆教诲庞相寿,是很得体的。领导人在处理自己旧臣部属的过错时,一方面不能徇私情而害公,应晓以大义,另一方面又不能绝对"铁面无私",显得无情无义,这样的话,过去和现在的部属都会远离你,不会尽心尽力效忠。

卫青不杀败军部将

汉武帝时有位大将军叫卫青,一次他挂帅出兵定襄。部将苏建、赵信两军共三千多骑兵,单独与匈奴单于的部队遭遇,激战一日后,几乎全军覆灭。

卫青

两位部将中的赵信投降了单于,而苏建只身回到了卫青军中。卫青手下的议郎周霸认为:"自从大将军出兵以来,还未曾斩过部将,今天苏建丢了部队一个人逃回,应该将他斩首,以显示将军的威严。"

但军中有个姓安的长史说:"不能这样做,苏建以几千兵力抗数万敌军,奋力苦战一天,士卒都不敢有二心,全军战死。现在他自己一人死里逃生,反而被斩,这是告诉后来的人,谁要是战败了,就不要再回来,还不如投降敌人的好。所以,不可斩他。"

大将军听后,觉得长史说得合情合理,不可亲手杀掉像苏建这样的部将,不然的话,效果可能会适得其反。于是他说:"我卫青将真心诚意地对待他,让他待罪留在军中,我不怕会因此而没有威信。周霸劝我以斩部将的行为来显示威严,太不符合我的意愿。再说,虽然大将军出兵在外可以斩杀部将,但以我的尊贵和受宠幸,也不敢在京城之外擅自诛杀部将。还是将他送到皇上那里去吧,让皇上亲自裁决这件事,以此养成大臣不敢专权独断的风气,不也很好吗?"

于是,卫青将苏建囚禁起来送到皇上那里,汉武帝果然赦免了他的罪,而没有诛杀他。

用我们现在的眼光来看,如此处理苏建并不能算完美,大将军卫青做事看来也缺乏敢作敢为的风格,以大臣"不敢专权独断"为自己辩护,但是,按当时的军法应斩首苏建而他不肯这样做,算是高明之举了。做领导的应该明白,即使再忠心耿耿和能干的部下,也难免会有过错和失败的时候,如处理时不通情达理,还有谁会为你效力呢?

第八章　宽严相济

一国之君安邦治天下,尽管有各种各样的手腕、方法和技巧,但万变不离其宗,凡治国治人之术,最根本的只有两手——宽与严,或者说恩与威、刚与柔。

大凡取天下、坐天下、治天下的高明领导人物,无不精通宽严两手。领导者越高明、越有权威和魅力,越能巧妙运用这两手。当宽则宽,当严则严,宽严得当,恩威并施,奖罚分明,刚柔相济,软硬兼行,这是治国治人的基本门径。古人说:"太刚则折,太柔则卷,圣人正在刚柔之间,乃得道之本。"宽严有度,千变万化,处事驭人无不顺畅,必可成就一番大事业。

恩威兼施

是用恩惠施人还是用威严治人，这要审时度势，据情而定，不可偏废，否则就会宽严皆误，文武全失。

三国时期，诸葛亮治蜀很严厉，不少人有怨言。有一天，一位叫法正的高官对诸葛亮说："从前汉高祖刘邦入关，约法三章，关中百姓无不感激他。我希望丞相能尽快减轻刑法，放宽监禁，以抚慰老百姓的不满。"诸葛亮却回答说："你只知其一，不知其二。秦王朝行事不循理，为政苛刻，百姓怨恨，所以一人号召，天下响应。汉高祖由于这个缘故，约法三章，因而能够成大事。而刘璋在川中统治多年，愚昧软弱，有益于百姓的政治措施不能实行，有威严的刑罚不受尊重，川中豪门专权放纵，君臣之间纲纪不能维持，上下不思振作，在这样的情势下治蜀，就要针锋相对，施行严厉的法令。只有这样，法令实行起来，老百姓才会知道实行严厉法令的好处。在这种情势下治蜀，封官赏爵就要有所限制，在有所限制的情况下实行封赏，被提升的人就会感到荣耀。这样做百姓得益，官吏知荣，上下间就有了法度。作为治理国家的要略，这一点最为重要。"

诸葛亮的这番宏论是很有见地的。是用恩还是用威治境安民,这要依据实际情况来决定。

任何一个组织和单位,不能没有一套严格的管理体制和规章制度,否则就不可能有效地运转起来。作为领导者,要充分调动自己手下人的积极性,就必须努力满足他们的愿望和要求,但这不是一味地迁就。如果不严格遵守制度,只讲个人满足,只要求领导施恩照顾,那么领导的关心、爱护都将失去价值和意义。正如孙子所讲:

> 厚而不能使,爱而不能令,乱而不能治,譬如骄子,不可用也。

这就是说,对部属溺爱而不能命令,厚爱而不能使用,违纪而不能制裁,这样的部队就好比骄子,是不能用来打仗的。孙子还说:

> 卒未亲附而罚之,则不服,不服则难用。卒已亲附而罚不行,则不可用。故令之以文,齐之以武,是谓必取。

所谓文,即仁也;所谓武,即法也。文以仁恩,武以威罚,恩威兼施,必能获得预期的效果。

唐太宗的讨伐与怀柔

唐太宗到了晚年,有件事特别让他苦恼,就是北方边境的问题。

总的来说,唐太宗并不是一个好战的君主,他的国家防卫论调也以"和平""安定"为理想目标。但是,北狄屡次侵扰大唐帝国边境的安宁,不断入侵到境内来,其中以铁勒诸部的薛延陀最为强悍。若不及早设法采取对策,加以防备,恐怕后患无穷。

为此,唐太宗提出了两个方案:一是武力的讨伐;一是恩仁的怀柔。

讨伐方案的设想是:选出精兵十万人,彻底打击番兵,俘虏薛延陀首领,并对其加以完全扫荡,以确保国境百年之安宁。

怀柔的方案则采取联姻方式与北狄媾和。太宗自谓是天下苍生的父母,自然不会吝惜嫁一女儿给薛延陀首领夷男为妻。而且听说北狄的社会风俗,以女权为尊,决策方针常受妇女的左右,况且和亲的公主若生育子女,那就是太宗的外孙。以女制孙,应当不再会侵犯中国,可使边境保持数十年的安宁。那么,究竟应该以哪一个方案为优先呢?重臣房玄龄献计说：

> 遭隋室大乱之后，户口太半未复，兵凶战危，圣人所慎，和亲之策，实天下幸甚。

唐太宗最后采纳了和亲的主张，他派使者前往北狄媾和，将公主许配与薛延陀首领夷男。太宗先后有为数众多的和亲联姻之举，除了上例以外，文成公主入藏也是其中之一。唐太宗对民族间的冲突以和亲怀柔的方法解决，有重大的历史进步意义。

宁越献计还尸体

齐国攻打赵国的廪丘。赵国派孔青将军率敢死队去相救。孔青与齐国军队作战，很快大败齐军，杀死齐国的将领，还缴获战车两千辆，并将齐军的三万尸体封土筑成两个大坟墓。

谋臣宁越得知此事后，便对孔青说："这样做，真可惜呀！不如把尸体还给齐国，作为内攻的手段，使弃下的战车和尸体上的盔甲完全用于作战，使齐国的国库钱粮完全用于安葬。"

孔青一听觉得此计甚好，但心存疑虑："齐国若不来要回尸体怎么办呢？"

宁越说:"那就罪上加罪了。派兵来战而没能战胜,这是它的第一条罪状;士兵出去了都没有能回来,这是它的第二条罪状;还给它尸体,却不来取,这是它的第三条罪状了。老百姓因为这三条罪状将十分怨恨君主。这样,君主就无法如意地指使部下,部下也无法尽心地侍奉君主。"

如此看来,宁越可以说是一位知道如何使用文武的人。用武在于以力胜人,而用文在于以德胜人。该用武力时用武胜之,该用文德时用文胜之,能文能武,文武并用,国家就能长治久安。

孙子杀宠妃

《孙子兵法》的著者孙子,是春秋末期的著名军事家,他在辅佐吴王阖闾期间,不仅在口头上阐述建立严厉组织的重要性,而且在组织宫女练兵期间,严厉惩处犯规的宫女,以实际行动建立和执行严厉的组织纪律。

阖闾第一次召见孙子时,要求他组织表演练兵。于是,孙子就借了180名宫中美女训练。他把宫女分成两队,任命国王的两个宠妃为队长,让她们拿着枪。接着问宫女:"各人都知道自己的胸脯、左手、右手、背吗?""知道!"宫女回答说。"那么,我说'前',就向前;同样,说'左',就向左;说

孙子

'右'，就向右；说'后'，就向后。记住了吗?""记住了!"宫
女答。

于是，孙子手拿斧钺，以备惩罚犯规宫女之用。在再三
说明号令后，训练就开始了。

"右!"孙子鸣鼓大喊，但宫女们只是吃吃地笑。孙子
说："是我不好，号令太难理解了。"于是像刚才那样，又重复
了几次号令，之后又鸣鼓开始训练："左!"但宫女们仍然只
是笑。孙子说："上一次是我的责任，这次不一样了，大家都
明白号令，但不按号令来，这是队长的责任。"他拿起斧钺就
要杀那两个宠妃。吴王正在宫殿的平台上观看，听说要杀
宠妃，慌忙传旨："你的训练很好，我已看见了。若没有这两
个妃子，我饭都会吃不下去的。免她们一死吧!"然而，孙子
却说："这个部队的将官是我，将官带兵时，君命有所不受。"
于是将两个宠妃杀了。之后又选了两个美女代替宠妃任队长。

以后的训练非常顺利。宫女们精神高度集中,听着鼓声按着号令右、左、前、后移动,非常整齐、严肃,谁也不敢再笑了。于是孙子向吴王报告:"练兵已结束,请检阅。今后国王命令一下达,士兵们就会赴汤蹈火了。"

孙子的做法,虽有点过分,但若不严厉,作战时不听号令,是不可能取得胜利的。

诸葛亮挥泪斩马谡

诸葛亮是历史上著名的政治家,他足智多谋,辅助刘备建立了蜀国,并积极对抗魏国,使当时的中国形成了三国鼎立的局面。如果没有诸葛亮,三国鼎立的局面是不可能出现的。

诸葛亮组织管理的最大特点是"严",他给国民和部下的印象是从严治国,赏罚分明。蜀国建立之初,人才匮乏,军队规模和实力有限,故无法同实力几倍于蜀的曹魏抗衡,只有建立严格的管理制度,才能约束部下和国民的涣散情绪,对抗曹魏。诸葛亮挥泪斩马谡的故事,就是他从严治国的典型事例。

马谡是个口头上的军事家,他善纸上谈兵,说起来头头

诸葛亮

是道,无人可比。诸葛亮爱惜其才,对他寄予厚望,在率蜀国精锐部队第一次出兵伐魏时,任命他为先锋官。但马谡言过其实,实难担当此重任。避开洼地,将军队驻扎在高地,这虽是《孙子兵法》的一条重要原则,但兵法的灵魂是随机应变。马谡机械地搬用《孙子兵法》,无视诸葛亮的指示,将军队驻扎在山岗上,作战计划极其荒唐。敌军大将将计就计,将山岗牢牢地围困起来,切断其水源。军中无水,兵士口渴难忍。马谡不得已,只得驱赶全军往山下突围,敌军以逸待劳,蜀军大败。生搬硬套,不能随机应变,这是马谡失败的主要原因。前锋失败,错过战机,诸葛亮全军只得撤退,第一次伐魏以失败而告终,为了"明正军律",以服众人,诸葛亮挥泪斩爱将马谡,以示赏罚分明。

此时,到前线慰问将士的蒋琬听到马谡被处斩刑的消息,飞奔而至,求情于诸葛亮:"天下未定而戮智计之士,岂不惜乎?"诸葛亮流着泪回答说:"孙武所以能制胜于天下者,用法明也……四海分裂,兵交方始,若复废法,何以讨贼耶?"

如果对心爱部下的错误不闻不问,那么就无法统帅部队。

又敬又畏与又严又爱

同孙子一样,诸葛亮留给部下的印象也是"严"。如果不从严治军,则不可能形成一个整体。但仅有严厉还是不够的,也就是说,治军从严,其本身要有一定限度。诸葛亮和孙子都主张:在严厉的同时,又要关怀士兵。

孙子说:"视卒如婴儿,故可与之赴深溪;视卒如爱子,故可与之俱死。厚而不能使,爱而不能令,乱而不能治,譬若骄子,不可用也。"即治军时对待部属要严厉中有关怀,温暖中有严厉,这才是最根本的。

诸葛亮治军严厉,如将马谡处以斩刑,但对其家属又给以适当的待遇,从中可以看出他又有关怀下属的一面。在处理国家大事方面,诸葛亮也像治军一样,赏罚分明。《三国志》是这样记载的:"尽忠益时者虽仇必赏,犯法怠慢者虽亲必罚……善无微而不赏,恶无纤而不贬。"

一般来说,"严厉"常常会引起部下及国民的不满和反抗,而诸葛亮尽管令部下和国民生畏,却又赢得人们的爱戴。"终于邦域之内,咸畏而爱之,刑政虽峻而无怨者。"其原因在于:第一公平无私,赏罚分明;第二,在严厉的同时,又使部下感到温暖。

虽说组织管理最重要的一条是"严",但光有"严",不仅不能令部下和国民心服口服,甚至还会起到相反的作用。对此,许多名人都大伤脑筋。

吴起所著的《吴子》一书,同《孙子兵法》一样,是中国著名的兵法书之一。一次魏武侯问吴起:"严刑明赏,足以胜乎?"吴起回答说:

> 严明之事,臣不能悉。虽然,非所恃也。夫发号布令而人乐闻,兴师动众而人乐战,交兵接刃而人乐死。此三者,人主之所恃也。

从严治军是必要的,但仅此还不能调动士气。吴起在治军从严的同时,又以实际行动关怀士兵,这在中国早已成为美谈。

一次,有个士兵身上长疮,非常痛苦,吴起看到后,亲自俯身用口将脓给吸出来。然而,士兵的母亲听到此事后,"哇"地一下哭了。有人对此感到不可思议:"你儿子不过一介士兵,将军亲自把脓给吸出来,你哭什么?!"士兵的母亲叹了口气说："从前，孩子他爹长疮时也是吴起将军给吸出来的。为了报答将军之恩，他爹出征，同敌人血战到底，最后战死。这次孩子长疮，脓也是将军吸出来的，我好像听到孩子阵亡一样，所以感到伤心。"吴起能以实际行动关怀士兵，因此能得到军心，士兵们也愿意为他血战至死。当然，对于士兵的母亲而言，她就面临着失去儿子的风险，因此感到伤心。

第九章　率先垂范

　　虽然不可能要求领导人时时处处、大事小事都要率先垂范，起到模范带头作用，但是作为领导人，精神境界应该比一般人高，行为作风也应该比一般人优良。因此，为人称道的领导人，往往先天下之忧而忧，后天下之乐而乐，在关键时刻身先士卒，为人表率。

　　显而易见，如果一个领导人唯利是图，处处只为自己利益着想；或者高高在上，不同部属同甘共苦；或者懒懒散散，毫无进取精神，那么，这样的领导人就不可能率先垂范，就不能让人诚服，更不可能去充分调动他的部属和全体员工的积极性，长此以往，必成孤家寡人，断送事业。

领导人物须勤奋

《论语·子路》中记载着这样一个故事。

孔子有一个得意门生叫子路。一次,子路向孔子请教作为一位政治家,首先应该具备什么样的美德。孔子回答说:"先之,劳之。"

意思是说:自己要身先士卒,以身作则,通过教化引导使老百姓勤于劳动,这是做政治家最为重要的。

接着,子路请求先生再多讲一点。但是,孔子却只说了两个字:"无倦。"意思是说,工作、干事业不能偷懒,松松垮垮,而必须兢兢业业,勤勤恳恳,奋发努力,励精图治,即"勤奋"。

在圣人孔子看来,作为政治家和领导人物,必须高瞻远瞩,能率先垂范,教导民众,给人民造福谋利;同时他本人也必须勤奋不懈。

又有一次,孔子的另一名弟子子张向他请教这个问题时,孔子这样回答:"居之无倦,行之以忠。"

所谓"忠",这里指诚实、不做作,而不是指对组织忠心的意思。这两句话的核心点在于"无倦"。孔子认为这才是一个领导应具备的重要素质。

对个人来说，即使锅砸了，遭殃的只是一个人，最多也不过给家庭带来点影响。但对一个组织的负责人来说，情况就不一样了。如果企业家经营不好企业，那就不是一个人的事了，它不仅会影响广大的职员及家属，而且会给社会带来麻烦。所以，作为一个组织的领导，其责任是非常重大的。因此只有兢兢业业地工作，才能对得起自己的领导身份。

《尚书》认为：功崇惟志，业广惟勤。这里"志"是指确立目标的意思，"勤"是勤奋的意思。如果不勤奋努力，即使有宏伟的目标，也不可能实现；但若胸无大志，只知苦干，最终也是徒劳无益的。因此，"志"和"勤"是相辅相成、缺一不可的。

唐太宗身先士卒

唐太宗李世民在没有当上皇帝前，曾经是指挥过千军万马的秦王。他不仅是位卓越的政治家，也是位杰出的军事家。

自从同父亲李渊在晋阳起兵后，他就开始了戎马生涯。在攻克京城前的一年里，他是在李渊指挥下作战的；而在武德年间，他就独立地指挥了四次大战役，那时他才二十岁出头。

李世民不但有非凡的军事指挥才能,而且总是身先士卒,以自己奋勇作战的榜样力量鼓舞士气,这是他用兵的可贵之处,也是秦王府军队能够打胜仗的原因之一。

例如,唐军和宗罗睺决战于浅水原,李世民亲自率骁骑先陷敌阵,"于是王师表里齐奋",激发了士卒们奋勇杀敌的精神,很快取得了胜利。

又如,当年追击宋金刚时,李世民同士卒同甘共苦:"夜宿于雀鼠谷之西原,太宗不食二日,不解甲三日。军中苦饥。此夕惟有一羊,太宗抚将士,与之同食。三军感恩,皆饱而思奋。"由于统帅李世民作出了榜样,将士们虽然饥饿,仍旧英勇作战,直至最后取得胜利。

再如,在围困洛阳的战斗中:"世民引骑南下,身先士卒,与通合势力战。世民欲知世充阵厚薄,与精骑数十冲之,直出其背,众皆披靡。"

在虎牢之战中,李世民的这种身先士卒的精神也同样得到了生动体现:"世民帅轻骑先进,大军继之,东涉汜水,直薄其阵。"

据史书记载,几乎在每次战役中,作为三军统帅的李世民,总是率轻骑冲锋在前,所向披靡。

李渊称帝后,经过七年的战争,先后进行了六大战役,国家才统一。李世民在唐初统一战争中作出了重要的贡献,建立了特殊的功勋,当时没有人可与之相匹敌。他军事上的胜利,为日后取得帝位奠定了坚实的基础。而李世民在军事和作战中的胜利,很大程度上要归功于他身先士卒的榜样作用。

一个裴矩为何判若两人

领导人物的一言一行都会对部下产生直接的影响。领导自己有良好的品行和作风,部下自然也会有较好的品行和风气;而领导人不太好的习气,则容易为部属们"上行下效"。特别是那些惯于察言观色的逢迎拍马之徒,更会使出浑身解数投领导所好,引人跌入深水泥潭,害人害国。所以,领导人物的表率和模范作用是很重要的。

唐太宗曾对身边大臣们说:"古人云,'贤者多财损其志;愚者多财生其过'。"这句话虽然未必对人人都适用,但也不是完全没有道理,起码人人都该引以为戒。

唐太宗即位后,严厉告诫臣下僚属不要受贿贪污,不得有非分的贪心。他说:"现在也有很多朝廷官吏不顾自己的生命,贪图财利。他自己或许就可以逃过法律制裁,无事终其一生。可是他的子孙或许就要蒙受耻辱,遭受祸害。帝王也是一样,尽情挥霍,劳役无度,荒废政务,流连于长夜酒宴而忘返,这样的品行,帝位和王业哪有不灭亡的道理呢?隋炀帝极尽豪奢,自认为贤者,终至被近卫杀死,实在可笑。"

尽管如此,太宗即位后朝廷及地方官吏中仍有收贿舞弊的风气,太宗为了扫除贿赂成风的弊害,拟用以一儆百的手段,使百僚知所警惕。太宗为此想出一个计策:密令左右去赠贿。有一司门令吏不幸中计,收受绸缎一匹,太宗便欲将此人处刑。

对此,尚书裴矩提出了谏言,认为受贿虽然是罪过,可是以诈术陷害僚属也是君主所绝对不应该做的。他说:"官吏受贿罪该处死,但是陛下命人去赠送贿赂,这是故意陷人于法,实有悖于'导之以德,齐之以礼'的精神,千万不可这样做。"裴矩这番话确是有道理的。

太宗听后,觉得裴矩说得在理,便很高兴地接受了这个谏言,同时立即召集五品以上的官员,公开做自我批评,宣告说:"裴矩为官,正正当当地提出谏诤,没有阳奉阴违的行径。如果群臣事事都能够这样的话,天下必然大治。"

然而,有趣的是,据说裴矩在隋朝为官的时候,原是一个很善于逢迎拍马、投其所好的佞臣,每每言不由衷。可是到了唐朝,他居然一改过去的作风和为人,敢于倾吐真言。也许,确实是裴矩改邪归正痛改前非了,但也有可能并不是裴矩真心改过,而是他善于察言观色,看透了太宗喜欢直言的为人和风格,投其所好。

不过,不管是哪种情况,都说明了一个很重要的问题,就是作为一国之君和一个单位的领导人所起到的榜样作用,他们的个性、作风、人格、气量、风度是可以直接影响周围群臣的作为的。大而化之,一个国家的领导的良好作风可以影响和塑造出整个国家的良好作风。

鞠躬尽瘁的诸葛亮

作为一个集团的领导,尤其应该具备兢兢业业的精神,只有这样,才能打动部下,并带领部下完成自己的事业。诸葛亮之所以在蜀国民众心中有崇高的威信,是与他工作兢兢业业、处处起先锋模范作用分不开的。

当时从蜀魏两国的实力来看,魏比蜀强得多,但伐魏是先帝刘备的遗愿,故诸葛亮曾五次率蜀国军队出兵伐魏,在出征之前,诸葛亮在上奏给后主刘禅的《出师表》中说自己要为蜀"鞠躬尽瘁,死而后已",表明自己的决心:伐魏是先帝刘备的遗嘱,只要自己一息尚存,就要尽力完成。诸葛亮的一生,像其誓言那样,的确是鞠躬尽瘁、死而后已的一生。

一次,他带领军队同魏军在五丈原对阵,敌军主帅是司马懿。《三国演义》认为司马懿不如诸葛亮,说他常遭诸葛亮暗算。其实,司马懿其人并非等闲之辈,尤其在军事战略方面,并不比诸葛亮逊色。诸葛亮曾派使者到司马懿阵中,司马懿对打仗的事闭口不谈,净问些生活琐事:"诸葛亮寝食及事之烦简若何?"使者认为这事无关紧要,便如实回答:"丞相夙兴夜寐,罚二十以上皆亲览焉,所啖之食,日不过数升。"

统帅诸葛亮连打二十大板这样的小事都要过问,真是够勤奋的。不只是军务,在国政方面,诸葛亮对国计账簿也都一一过目,真可谓兢兢业业,废寝忘食了。

诸葛亮这种精神深深地感动了部下,丞相如此勤奋,部下更应该拼命,这无形之中调动了部下的积极性,这也是诸葛亮在民众心中具有崇高威信的原因。

作为国家官吏,应该做到清廉、谨慎、勤奋。那么诸葛亮是否做到这三点了呢?关于勤奋,前面已介绍了,我们再来看看他是否清廉。

诸葛亮出征之前,曾上书蜀后主刘禅说:

> 成都有桑八百株,薄田十五顷,子弟衣食,自有余饶。至于臣在外任,无别调度,随身衣食,悉仰于官,不别治生,以长尺寸。若臣死之日,不使内有余帛,外有赢财,以负陛下。

诸葛亮死后,清其财产,果然如此,真可称之为清廉楷模。

再来看看诸葛亮的谨慎。尽管他掌握着蜀国的大权,但却尽心辅佐刘禅,严守君臣之仪。从这个意义上来讲,诸葛亮也是率先垂范的典型。这也是诸葛亮赢得部下和国民爱戴,使他们乐意为他效力的原因之一。

韩非子的领导艺术论

工作时兢兢业业,凡事处处作表率,这是领导艺术最基本的东西,也只有这样,领导人物才能赢得部下的支持。但只强调领导要兢兢业业的话,也许会引起误解。作为领导,兢兢业业工作的目的在于调动部下的积极性,如果只满足于自己好好工作,那是本末倒置。

琐事由部下处理,领导人物只处理大事,着眼大局,这是最好的领导方式。韩非子也持这样的观点,并举了一个例子加以说明:魏昭王想体会一下做官的滋味,对孟尝君说:"寡人欲与官事。"孟尝君说:"王欲与官事,则何不试习读法?"魏昭王读了一会儿便睡着了,醒后非常感慨地说:"寡人不能读此法。"韩非子接着提出了自己的看法:"夫不躬亲其势柄,而欲为人臣所宜为者也,睡不亦宜乎?"

按韩非子的观点,该怎么评判诸葛亮呢? 前面已谈过,诸葛亮工作时兢兢业业、废寝忘食,他事无巨细,事必躬亲,以至连账簿之类的东西都一一过目,这与韩非子的观点相左,故有人劝诸葛亮不必"身亲其事",今"丞相亲理细事,汗

韩非子

流终日,岂不劳乎"?

　　但是,诸葛亮亲理细事是不得已的,当时的蜀国,人才匮乏,而对手魏国却人才济济,国力强大。诸葛亮若不操劳,蜀国基业难保。而且"受先帝托孤之重,唯恐他人不似我尽心也",这是他为蜀国基业而日夜操劳的原因。

　　然而,一般来说,中下级官员是前线指挥官,应该起表率作用,否则部下就不会响应;但作为统帅,恐怕应该学习一下韩非子的领导艺术论。

　　现在,就中小企业来说,由于规模较小,所以经理必须起带头作用。如果他养尊处优,把许多事都交给部下去做,难免会出现差错。但大公司的经理,若小事都一一过问,那即使有分身术,也会忙不过来。从某种程度上来说,相信部下,让部下去处理也许更好一些。

另外,在率先垂范、兢兢业业苦干的同时,最好不要大肆宣传,应自始至终低调地工作,这样效果会更好些。

当然,韩非子的领导艺术论是有条件的,即在权力极其巩固的情况下,才可使用这种领导方法。一味地高高在上,将全部事情都托付给部下,自己就有可能会被架空,最后会危及自身。韩非子屡屡强调,在权力不巩固的情况下万不可放权。

因此,无论是勤奋型的领导,还是韩非子所论的领导,都各有长处和短处,采取哪一种方式应因人而定,不可一刀切,生搬硬套前人的经验。

第十章　明智与决策

　　作为领导者要洞察事理,判断事情的利弊得失,审时度势,果断决策。洞察、判断、预见和决策能力,是领导人的基本能力。

　　一个高明的领导,他们处事论理、谋划决策往往既明智又果断,"从心所欲不逾矩"。别人往往只注意小事小利,他们却从大处、大利着想;别人看得近,他们却看得远;别人看现象表面多,他们却洞察事物的内核实质;别人愈忙而愈乱,他们却沉着自若,有条有理;别人犹豫不决、束手无策,他们却果断而不草率,游刃而有余,等等。有上等之明、上等之智、上等之策,自然能成上等之业,立上等之功。

智者与明者

人在社会上活着,预见能力和洞察能力是不可缺少的。在中国古代,人们称这两种能力为"智"和"明"。"智"和"明"是近义词,其意思稍有不同。

首先来分析一下"智"。所谓"智",指预料到事物的发展趋势并制定正确政策的能力。

《商君书》上说:智者见于未萌。事物的真相还没有完全暴露出来,智者就能看清事物的本质,把握事物的发展方向。《三国志》上说:智贵免祸。为了免遭失败,必须把握住事物的发展方向,并制订正确的对策,这才是"智"的主要内容。《易经》上说:见险而能止,知矣。即预见到某项政策会出现不好的后果,就立即停止实行。

"明",翻译成现代语言,近似于洞察力。老子说:"知人者智,自知者明。"能了解别人叫做智慧,能认识自己才称得上明察。当然了解别人是很难的,但了解自己则更难。只有明察自己才算得上"明"。《论语》上说:"浸润之谮,肤受之愬,不行焉,可谓明也已矣。"一眼能看穿的诽谤,谁都知道,其影响并不大;但暗中传播的谗言,却不易认识,等到认识时,病已入体,无力回天了。如果能看清这类流言,又能制订正确的对策，那么这才称得上是"明"。

显然，在我们这个复杂社会中生活，无论是一般百姓还是领导，做到既"智"又"明"，是十分必要的。

无智名，无勇功

孙子把"智"看作是将兵的一个重要条件，但孙子又把"智"分为高级的"智"和低级的"智"。

通过制订许多正确的政策，出色地解决了许多复杂的问题，使组织从困境中摆脱出来，这种人堪称智者，但这只是低级的"智"。那么，什么是高级的"智"呢？《孙子兵法》认为：

> 古之所谓善战者，胜于易胜者也。故善战者之胜也，无智名，无勇功。

即自古以来真正善于指挥战争的人，在战争之前就制订了正确的战略部署，所以其取胜是自然的，并不是侥幸取胜的；但其计谋常不为人注目，其战功也就没有什么可称道的了。这些人才是高级的智者。

张良之智

　　张良是汉初有名的谋士，他辅佐刘邦，打败了项羽，建立了汉朝；若无张良，刘邦不可能夺得天下，所以刘邦称赞张良："运筹策帷帐之中，决胜于千里之外。"

　　领导与幕僚的谈话，大都采取秘密的形式。战争期间，尤其如此。所以，张良的计谋很少见之于史书，下面一段故事，可以窥见张良计谋之一斑。

　　刘邦除掉项羽夺得天下后，做了皇帝，史称汉高祖。即位后按功分封部下。对刘邦来说，二十几个主要功臣的分封是比较容易的，但其他一般功臣则为了争功而唇枪舌剑，暗斗明争，分封比较困难。

　　一天，刘邦在洛阳南宫，从复道看到许多将军大臣窃窃私语，回头对张良说："此何语？"张良说："陛下不知乎？此谋反耳。"刘邦大吃一惊："天下属安定，何故而反？"张良回答说："陛下起布衣，以此属取天下，今陛下已为天子，而所封皆萧、曹故人所亲爱，而所诛者皆平生仇怨。今军吏计功，以天下不足遍封，此属畏陛下不能尽封，恐又见疑过失及诛，故相聚谋反耳。"刘邦皱着眉头说："为将奈何？"张良说："上平生所憎，群臣所共知，谁最甚者？""雍齿与我有故怨,数窘辱我。我欲杀之,为功多,不忍。"张良说:"今急先封雍齿,以示群臣,群臣见雍齿先封,则人人自坚矣。"

于是,刘邦设宴招待群臣,并封雍齿为什邡侯,又借此机会,命令丞相、御史大夫尽快制订分封方案。群臣都笑着说:"雍齿且侯,我属无患矣。"

刘邦采纳了张良的建议,从而防患于未然。张良这一计谋对稳定刘氏天下起了重要作用,尽管没有引起人们的注意,但这才是真正的"智"。

范蠡之明

可同张良媲美的是春秋末期越王勾践的军师范蠡。他辅佐越王勾践,消灭了对手吴王夫差,建立了霸业。若没有范蠡,越王勾践是不可能建立霸业的。然而,范蠡在越王取胜后,急流勇退,弃政从商,凭借自己的才智,很快成了百万巨富。所以,范蠡既是著名的政治家,又是手腕高超的商人。

范蠡在从政从商两个方面都有所建树,其原因何在?出色的洞察力,就是他成功的重要原因。我们且看下面这个故事。

范蠡经商期间,他的二儿子因杀人而被楚国逮捕。范蠡立刻让小儿子带着许多黄金去找有关人士营救其子。大

范蠡

儿子听到后,认为这是长子的义务,无论如何也得让他去营救弟弟。开始范蠡不同意,但在大儿子的再三请求下,只得同意大儿子的请求。

但大儿子终未将弟弟救出来,因为他不舍得多花钱。最后只带回了弟弟的尸体。家人一见,抱头痛哭。范蠡非常平静,以淡淡的口气说:"果然不出我所料。我知道老大是救不出他弟弟的。老小从小没有受过苦,不知赚钱之辛苦,花钱大方,所以开始我想让他去;而老大从小随我,吃苦耐劳,知道钱财来之不易,不舍得花钱,这反而害了他弟弟。"

从上面这个故事我们可以看出范蠡深邃的洞察力,这种洞察力正是范蠡政商两方面皆取得成功的原因。

自我磨练

张良之"智"与范蠡之"明",大部分属于天赋。但是,假如有十分天赋的话,若不磨练,也只能发挥出三四分;相反,经过后天努力,五分天赋也会发挥出七八分的效果。因此,我们可以说,"明"与"智"的关键在于后天的磨练。

那么,怎样才能做到既"明"且"智"呢?中国人主张:读古典,学历史。

古典作品是前人智慧的结晶,是前人留给我们的优秀文化遗产,具有很高的价值和经久不衰的顽强生命力。读古典,学历史,有助于我们做到既"明"且"智"。

在学习前人经验的同时,还要了解当代的实际情况。当今是一个迅速发展的时代,无论干什么事,多多少少要了解一些当前形势方面的知识。搞古典知识的人,除了钻研自己的本行外,还应看些现实方面的书,这将终身受益。所以在学习古典知识的同时,又要学习当今的知识,将古今结合起来,以有利于培养自己的"明""智"能力。

但是,只读书还是不够的。书本上的东西毕竟不等于自己的知识与智慧。如经商方面的学问,不是仅靠读书就能学到的,而主要是在经商的实践过程中逐渐积累而成。

所以无论干什么工作，若不用心实践，最终什么也学不到，必须有意识地去积极实践，这样才能获得直接经验。当然，只凭自己的直接经验，视野就太狭小，所以在获得直接经验的同时，又要学习古典的、历史的东西，学习他人的经验。只有将直接经验和他人的间接经验结合起来，才有利于培养自己的"明""智"能力。

智明不当是陷阱

人生活在世上，既要"智"，又要"明"，这点对一个组织的负责人或领导来说尤为重要，否则既不可能控制组织，也不可能发展组织。但"明"与"智"又有极大的缺陷。孟子说："所恶于智者，为其凿也。""凿"是指吹毛求疵，牵强附会的意思。智者能抓住事物的本质，这是好的，但因此而穷根究底、吹毛求疵就不好了。老子说："知不知，尚矣。"知道自己有所不知，这样做事就有分寸。

关于"明"，《宋名臣言行录》认为：尽管明了某事，也不要过于认真，因为"水至清则无鱼，人至察则无徒"。所以，作为领导，做事要有分寸，对有些事要抓大放小，这样才能把握住事情的重点。

不入虎穴,焉得虎子

再高明的天才人物和领导人物,要真正做到"智"和"明",能明智和果断地判断事理、处理问题,都必须深入实际,广泛调查研究,收集各种信息,了解各种事物,接触各种人物,听取各种意见,做到集思广益。否则,就做不到又"智"又"明"。

东汉时有一位活跃于西域战场的名将,名叫班超。为了驱逐匈奴在西域一带的势力,班超奉命率领三十名随行人员出使西域,来到了鄯善国。起初,鄯善王对班超礼节周到,招待备至,后来却突然变得十分冷淡起来。班超经过一番调查,发现是匈奴派来的使者使鄯善王改变了态度。于是班超召集部下说:"诸位与我一起来西域,无非是为了建立功业,邀取富贵。现在匈奴的使臣一来,鄯善王就对我们礼敬俱废;如果鄯善王将我们全部捉拿,送往匈奴,我等骸骨都将成为豺狼口食,这可如何是好?"众人无言以对。班超接着爽朗地说:"不入虎穴,焉得虎子。当今之计,唯有乘夜进攻匈奴使团,他们不知我们究竟有多少人,必定惊慌失措,如此即可将其全歼。匈奴使者既灭,鄯善王必然震惧,那我们便可功成名就了。"获得部下同意的班超,入夜率众袭击匈奴使者营帐,全灭匈奴使团,鄯善王大为震惧,决计与匈奴断绝关系,归附汉朝。

班超既集思广益又果敢决策,使他们一行死里逃生。在千钧一发的关键时刻,能否斩钉截铁,快刀斩乱麻,是衡量一个领导是否称职的重要尺度。

宋襄公的"慈悲"

世人赞颂班超,而宋襄公却贻笑大方。

故事发生在春秋时代。当时楚国是大国,宋国是小国。一次,由宋襄公率领的宋军与楚军在泓水之上遭遇,开始了一场生死决战。这时,宋襄公率领的宋军已在岸边列好了阵势。当楚军半渡之时,宋国的司令官目夷说:"敌众我寡,趁敌人还未渡完,请进攻吧。"宋襄公却说:"君子不乘人之危。"当楚军渡河完毕,尚在列阵之时,目夷又请求发令攻击楚军,宋襄公则犹豫地说:"君子不攻击不成阵势的敌军。"待楚军列阵已毕,他才下令向楚军发起进攻,结果,宋军被楚军打得一败涂地。在战斗中,宋襄公本人也被楚军射成重伤,他左右的虎贲之士,全被歼灭。

这次战役,宋人大败而归,国内怨声四起,国人皆归咎于宋襄公,认为兵败的原因在于宋襄公指挥上的错误。身在病榻上的宋襄公至死不悟,他争辩说:"君子不加害于已经受伤的士兵,不俘获年老的兵士,古时候,两军作战时,不埋伏在险要之地阻击敌人,不主动攻击尚未列好阵势的敌人。"

目夷驳斥道:"国君对战争有所不知,当敌人处于险隘之地而又尚未摆开阵势之时,正是天助我进击敌军的良机。乘敌人处于危险之地,击鼓而攻之,有什么不可以的呢?再说,即使是这样,恐怕宋军也不一定能取胜。况且,我们面临的是强大的敌人,即使敌军中有年老的士兵,该俘获的也要俘获,不能因其年老而白白地放走。"

从某种意义上说,襄公虽有高尚的人生哲学,但是,当事关一个国家的生死存亡之时,千万不能滥发慈悲。具有一般常识的人,都会支持目夷而反对宋襄公的。

仁,即同情和关怀,这当然是一种美德,如果一个领导缺乏这种美德,就不可能抓住周围人的心。但"仁"是有限度的,对敌人不能慈悲。对待敌人要像秋风扫落叶那样,决不能手软。

切忌"暴虎冯河"

处理问题坚决果断固然很重要,但是,讲究策略同样也很重要,我们不提倡无谋之勇。

《宋名臣言行录》上说:"凡遇事有三个困难的地方,一是要能观察透彻,二是观察透彻后要配合行动,三是采取行动时必须果断。"这句话告诫我们,遇事应该避免轻率地做出结论。有一个成语叫"暴虎冯河",也许大多数读者不太熟悉。辞典中的解释是:"赤手打虎,徒步渡河,心血来潮的无谋之勇。"这里的河指黄河。徒步渡黄河,真可谓愚蠢透顶、荒唐可笑之举了。我们不提倡"暴虎冯河"这种不讲策略的盲目勇敢和果断。

有一天,血气方刚的子路问孔子:"您若率领军队,找谁共事?"孔子回答说:"暴虎冯河,死而无悔者,吾不与也;必也临事而惧,好谋而成者也。"这段话的意思是:赤手空拳去和老虎搏斗,不用船去渡河,这样死了却不后悔的人,我是不和他共事的。我所要共事的人,一定是面临着任务便恐惧谨慎,深思熟虑而积极完成的人。

《孙子兵法》的一个基本思想就是不打无准备、无把握之仗。换句话说,为了打胜仗,应未雨绸缪,创造各种有利的条件之后再去迎战。没有十分周密的计划,采取你打我也就打你的态度是十分愚蠢的。当然,如果走运的话,也可能侥幸取得胜利。但是,不怕一万,就怕万一,打无准备之仗,犹如走钢丝绳,充满着危险,一不小心,就会掉入深渊,后果不堪设想。因此,为了成功,事前必须进行仔细的调查和周密的安排,未雨绸缪,防患于未然。

这里再讲一个问题。在许多场合,作出最后的决策是领导者的任务。古时候,领导者在作出决定之前往往求助于上天,或靠占卜来选择具体方案。但是必须记住,这仅仅是一种参考,真正高明的领导从不靠占卜之类来决定具体方案。在实际生活中,从来就没有什么救世主,一切靠自己。

善于退却

同样是一个决定,做出前进的决策要比做出撤退的决定容易得多。中国人把不用智谋,单凭个人蛮干的勇气,称之为"匹夫之勇"。"匹夫之勇"对一个指挥官来说是有百害而无一利的,一个合格的指挥官应具备该进则进,该退则退的决断力。如上所述,不打无准备、无把握之仗是《孙子兵法》的基本思想。当明知不敌时,撤退以保存实力,再伺机反攻乃是最明智的决定。仅凭勇气,不讲策略,最后的结局只能是鸡飞蛋打。老子说:"勇于敢则杀,勇于不敢则活。"意为勇于坚强就会死,勇于柔弱就可以活。只知进,不知退,即使你还生几次也无济于事。为了生存,应该学会勇于不敢。

当然,胜利取决于多种因素,战争时不能把取胜的希望完全寄托在战略转移和撤退上。《吴子》说："见可而进,知难而退也。"即有利则进,不利则退,乃是用兵之奥秘。一个办事果断、有气魄和能力的领导人,如果能把擅长进攻和"知难而退"的本领,恰到好处地集中于一身的话,那就如虎添翼了。

食之无肉,弃之有味

要想在严峻的现实生活中得到一席之地,不但要善于进攻,更要善于收兵。我们需要练就一身见机行事的过硬本领。

现实生活中,主动权往往掌握在那些擅长收兵的人手中。比如说,汉高祖刘邦。起初,刘、项相遇,刘邦被拥有精兵强将的项羽打得一败涂地。但是刘邦采取的相持战略却使项羽沉不住气了;最后刘邦以守为攻,扭转了乾坤,反败为胜。说刘邦是靠"以退为进"赢得了胜利,这也许并非言过其实。

曹操也有着类似的经历。曹操精读《孙子兵法》和《吴子兵法》等兵书。《三国志》也认为曹操是娴熟兵法,因而战无不胜,攻无不克的。这位统帅,也曾采取过见可而进,知难而退的战略方针。

有一次,当曹操向刘备的领地汉中发动猛烈进攻时,刘备打了一个少有的漂亮战。刘备避开正面交火,利用天险,奇袭曹军,切断了曹操的粮道,使得曹操束手无策。一天夜里,曹操见碗中有鸡肋,因而有感于怀,凝视着摆在托盘上的鸡肋,自言自语道:"鸡肋、鸡肋。"这时士兵来问口令,便以"鸡肋"为令。主簿杨修听闻口令是"鸡肋",便让随行军士收拾行装,准备归程。其余将领不知其意,遂向杨修问道:"公何收拾行装?"杨修说:"'鸡肋'者,食之无肉,弃之有味,意指汉中,今进不能胜,在此无益,不如早归。"第二天,曹操果然宣布放弃汉中,收兵归国。曹操并没有因放弃汉中而沮丧,反而为能够挽救全军而深感庆幸。

鸡肋的故事形象地反映出了曹操的用兵原则:见可而进,知难而退。伺机反攻是曹操最终能三分天下的秘诀之一。

摸着石头过河的诸葛亮

诸葛亮在《三国演义》中是一位使敌人闻风丧胆,具有传奇色彩的军事战略家。但是这个足智多谋的光辉形象其实是小说作者用夸张的艺术手法虚构出来的。实际生活中的诸葛亮并不是神仙般的军事谋略家,而是用兵小心谨慎,始终坚持摸着石头过河的指挥家。

　　刘备死后,诸葛亮掌握了蜀国的全权。刘备在临终前,曾嘱咐诸葛亮要打败魏国。但是当时的形势对蜀国十分不利。论国力,蜀国在三国中最薄弱,尤其是蜀、魏实力相差悬殊;论客观地理环境,北伐曹魏,则必须经过难于上青天的蜀道;再则,伐魏存在着粮食供应的问题。难题堆积如山,取胜的希望十分渺茫。精通兵法的诸葛亮深知《孙子兵法》不打无准备、无把握之仗的基本原则。

　　怎么办? 打还是不打? 为了不辜负先帝的遗嘱,诸葛亮毅然选择了前者。

　　在如此艰苦的条件下,诸葛亮提出了"必打胜仗"的方针。在敌强我弱的情况下,发动战略决战,以期一举或短期内取得决定性的胜利是不可能的。诸葛亮也深知这一点,他虽然以灭掉曹魏为最后的奋斗目标,但在战术上却采取了小心谨慎,稳扎稳打,摸着石头过河的指导思想。

　　当第一次北伐时,大将魏延建议采取奇袭战术,认为趁敌人疏忽麻痹之际,奇袭作战,才可以确保成功。但是,诸葛亮认为,此计带有很大的冒险性;一旦失败,后果将不堪设想。奇袭作战,攻敌人之短,在短时间内也可能取得辉煌的成就,但一旦失败,就会导致全军覆没。这正是诸葛亮拒绝采纳奇袭战术的原因。后来魏延说诸葛亮胆小、怯懦,诸葛亮坦然接受这一批评,但也不盲目指挥战斗。我们不能不佩服诸葛亮的勇于不敢的精神。

　　北伐先后进行了五次,其中三次,诸葛亮按照自己的意志,没有采取战略性的进攻,而是采取了以攻为守、稳扎稳打的战术。蜀国能以较弱的力量与魏国抗衡多年,要归功于诸葛亮正确的战略战术。

　　但愿为官者和现代企业的经营者,能够先安下心来,学一学曹操和诸葛亮的决策经验和判断能力,而万不可逞有勇无谋的"匹夫之勇"。

第十一章　政治诀窍

政治对社会生活各个方面都有重大影响,每个人也都会不可避免的参与到政治生活中去。领导人物作为重要的政治参与者,他的一举一动往往会对国家和社会产生巨大的影响。因此,领导人物在参与政治时,要遵守一定的政治规则,不能随心所欲的做出政治安排。但现实中政治往往又是复杂多变的,领导人物在参与政治时,有时候就不能完全拘泥于既定的规则,而是要综合考量各方面的因素,做出灵活的安排。这就要求领导人物要有一定的灵活性、变通性和妥协性,以更好的实现政治目的,为国家和社会谋利。

直直曲曲

正直是一种美德,认真也是一种美德。但是,生活在这个严峻的社会里,只靠正直和认真,那是不够的。当然,这并不是说不需要正直和认真,作为社会的人,正直和认真是必须具备的一种品德。但一旦过分拘泥于此,不注重变通,那也许就与木偶无异,终将为历史的车轮所淘汰。

为免遭如此结局,使正直和认真能真正发挥优势,有必要补充一些什么呢?其中一个便是政治性。那么,何谓政治性呢?简单来说就是政治素质,即解决政治问题的才能和天资。

一个人要生存下去,这种政治素质是必需的,尤其是对领导者来说,更是不可缺少的一个条件。如果没有这种才能,在组织经营上就会陷于被动。

就政治性而言,它包含五个方面。

首先,要灵活应变,或者说柔和变通。办任何事情,都有其必须遵循的原理、原则,不明了此点,难免会陷入临时抱佛脚的困境。但是,在实际运用这些原理、原则时,必须注意随机应变,否则将会随时碰壁。这并不是说原理、原则是不必要的,而是说应当从内心予以领会,运用时要有变通。

第二,找到平衡点。简单地说,就是不要走极端,避免片面性。三方之中,一方得益,两方蒙受损失,这可以说是走极端的典型。在两者发生利害冲突的时候,用分割双方利益来解决的办法,曾被看作是最恶劣的政治主义而受到批判,但根据不同的场合而"二一添作五",这也许不失为一种可取的平衡思想。

第三,学会曲线思考。在双方发生短兵相接时,不应始终只用一个调子处理问题。在必要时应采取迂回策略,为了伸反而先要缩一下,为了前进一步不惜后退两步。这种思维方式就是曲线思考。

第四,气量要大。有个词叫"兼容并包",这个成语的意思是把各个方面或各种事物都容纳进去。如果气量狭隘,听不得不同于自己的意见,就有可能导致工作中的一些失误。

第五,偶尔地装一点糊涂也是必要的。过分的聪明,也是不行的,所谓"聪明反被聪明误",就是这个意思。有时,隐蔽一下自己的锋芒,是高度的政治性所必需的。

上善若水

在《老子》中,有"上善若水"这么一句话,所谓"上善",就是最理想的生活方式的意思;"若水",那就是像水一样。概而言之,就是说要向水学习。

那么,应当向水学习些什么呢? 对于水来说,它有三大特征。

第一,水,将其装入圆形器皿中就变成了圆形,将其注入方形器皿中就变成了方形。也就是说它具有根据器皿形状而改变自身形状的柔软性,我们要学习这种柔软性。

第二,就其本身而言,水总是不断地向低处流去。大家知道,低的地方是无论谁都不喜欢的,可是水却特意流向低处。这种谦虚的态度是我们应该学习的第二方面。

第三,水在正常的情况下是比较平静的。但是,湍急的水流却蕴藏着击碎岩石等坚硬物质的巨大能量。一旦这种能量得以爆发,便向对手猛烈地发起撞击。这种坚强的毅力是我们要学习的第三方面。

在这儿,提醒大家应当特别注意的是第一条柔软性。遵守原则固然重要,但决不能僵化、教条,尤其在制定新原则时,不要忘记运用柔软性。无原则的妥协是不行的,但不顾场合、情势而盲目坚持原则也是行不通的。原则之作为原则,一方面要深深地置于头脑中,另一方面要根据场合、情势随机应变。

《孙子兵法》中有这样一段论述:

> 夫兵形象水,水之形,避言而趋下;兵之形,避实而击虚。

所谓"实",是指战斗力充实的部分;所谓"虚",是指战斗力薄弱的部分。避开敌人战斗力充实的部分,攻击敌人战斗力薄弱的环节,像这类用兵方法无疑是受水的特性的启发而产生的。

再从反面考虑，如果攻击敌人战斗力充实的部分，那结果会怎样呢？自不待言，那是毫无道理的攻击，这种下策之举难免导致玉碎，被孙子称为愚蠢的作战方法。

不管怎样强大的对手，都必然有其弱点。发现这些弱点然后进行攻击，采取这种以柔制刚的作战方法，就能够顺利地进行战斗，把握胜利的机会。在工作方面也是如此，无论怎样困难的工作，如果充分运用自己的智慧，只要不灰心，坚持下去，就一定能够找到突破口。

中和平衡

无论怎样的美德，只要一走向极端，都会削弱其效果。譬如说谦虚，这是无论坚持何种立场的人都必须具备的美德。但是，一旦过分谦虚，就会变得卑躬屈膝，这样反而减弱了其美之所在。还有"仁"，这是一种体谅、关怀别人的美德，但一旦过度，就会导致同情有余、敌友不分，对任何事情不能果断处理。

若要避免于此的话，就必须注意寻求中和平衡。

谈到中和平衡的政治技巧，首先令人想到的是郑国子产的政治观。郑国是春秋时代中国中部的一个国家，它位于楚、晋两个大国之间，长时期为两国所苦，内政也四分五裂。可是，子产任相后，在很短时间内整顿好内政，在国际政治舞台上展开了扬眉吐气的外交，不再受他国的欺凌。

子产理政的特征就是，立足于国内政治，该认真的时候认真，该缓和的时候缓和，采用刚柔相济的策略，可以说这是子产成功的原因。

子产得病将逝时，对其预定的后任子大叔给了这样的忠告："我从事政治有两种方法，一是刚的政治，一是柔的政治。这两种方法，正如我们所看到的火和水。火的性质是激烈的，一看到便令人害怕，人们因畏惧而不敢靠近它，所以死的人很少。水的性质是柔弱的，人们不害怕它，因而人们反而喜欢靠近它，致使因此而丧命的人很多。柔的政治像水一样，人们容易接受，但这的确是非常难做到的。"

这些都是子产关心后辈发自内心的话语，也可以说是一个老练政治家的政治经验。子产实行的政治，即是刚柔相济的政治，这是自不待言的。

若说对后辈最具有忠告意义的话语，是舜对臣下说的一段饶有兴味的话："直而温，宽而栗，刚而无虐。""直"，就是正确的行为应该自始至终地坚持，但是，在这坚持的过程中温和一点也是必要的；所谓"栗"，就是要严肃、认真，在"宽"的时候，无论怎样也必须加入这一要素，这就是"宽而栗"；还有在"刚"的时候，切忌不分皂白地一律酷役属下，应注意加上"无虐"。

所有这些,毫无例外都是关于中和平衡的格言。领导者处在舵手地位的时候,掌握这种中和平衡的技巧尤为重要。但要使中和平衡技巧更好地发挥其作用,首先要牢牢地树立大局观念,不能一味地注意中和平衡,忽视发展和飞跃。因此,明确大局观念和巧妙的中和平衡,二者兼顾是最理想的。

委曲求全

在《老子》中有这样一句话:"曲则全。"所谓"曲则全",意思是在委屈中能够求得保全生命,只有曲过才能够有伸。

的确,一味地追求伸,不仅会使精神过度焦虑,而且也大大消耗体力,其结果必然是中途便精疲力尽。为了伸,有时曲一下,以等待时机。果真是这样的话,终能随心所欲地伸。

"迂回战略"是《孙子兵法》中很著名的战略,孙子的话是这样的:"如果采取迂回的路线,并诱敌以利,比敌人晚出发,但比敌人先到达,这才是懂得弯路和直路两者的关系。"

简单点说,就是"如要急必先缓"。在这种场合,迂回有距离的迂回和时间的迂回两种情况。但不管哪一种迂回,都是为了使敌人掉以轻心、麻痹大意,使敌人在心理方面蒙受沉重的打击。

"迂回之计"不仅能用于和敌人作战,在游说、谈判的场合也可以活用。一旦碰到顽固的对手,从正面攻击,不但不会取得满意效果,反而会适得其反,使事情越来越糟。在这种时候,如若采用"迂回之计",或许能够打开僵持的局面。

这点同样可以应用于处理人与人之间的关系上。用《菜根谭》中的话说就是:"对于别人的缺点,必须尽可能地给以掩饰,过分、任意地予以揭露,责备其缺点,是不会取得好的效果的。对顽固的人来说,必须以极大的耐心进行劝说,如若感情用事,只会使他们越来越顽固,双方的分歧越来越大。"

此外,在下面的情境中,迂回之计也是很具有参考意义的。

比如,若过分性急地想弄清某件事,结果反而会越弄越糊涂。如若顺其自然,迟早会弄清楚的,期待这种自然的到来岂不更好? 否则,过分要强,必然招致对方的反感。

又如,在别人犯错的时候,适当地宽松一些,待其自然变化当更好一些,横加干涉只能导致对方更加顽固地坚持错误。

这些都可以说是迂回之计的具体应用。

水至清则无鱼

严格要求自己是一种美德，谁都希望具备这种美德。但若过分清高自洁，就不能在人群中生活。人太苛刻，就不能容人，这就要求每个人必须具备宽宏大量的品德。《汉书·东方朔传》告诫我们："水至清则无鱼，人至察则无徒。……举大德，赦小过，无求备于一人之义也。"

《菜根谭》也是这样告诫人们的：活在这个世上，不能过分洁癖，要容许污垢的存在，具有容纳一切的度量。在处理人与人的关系上，是不能过分表现好恶之感情的，对任何对手，都应具有一定的包容性。

严于律己是很有必要的，但无论怎样严格，都不能解决一切问题。因此，很多时候处理事情应该以宽容为怀。东汉时期的班超，在西域活动三十年，征服了西域地区的很多国家。他年老卸任时，继任者询问其经营西域的办法，班超是这样说的："依我之见，您的性格过分严厉。俗语说，水至清则无鱼。用过分严厉的办法来治理，便会失去人们的支持。因此要尽量用宽容的办法治理，容小过，抓大纲，应当说更好一些。"

这些话简单来说，就是"容小过，抓大纲"。

但没过多久,其后继者无视班超的忠告,进行严厉的统治,结果很快招致了西域各国的叛离。

难得糊涂

所谓糊涂,是一种怎样的行为表现呢? 可以举例如下。

年轻时的孔子曾受到老子的批评,他就诚心诚意地接受教诲。老子批评说:

> 良贾深藏若虚,君子盛德容貌若愚。

引述这句话,可给我们这样的启示:具有敏锐的洞察力,往往带来死亡的危险,那是因为这样的人往往会过分严厉地批评他人。雄辩博学,致使危及其身的人也是有的,因为这种人经常抨击别人的罪过。可见,生活在社会关系中的人,无论何时都应对自己的主张有所保留。

老子这句话的深刻哲理,即使在现代社会也是很有说服力的。轻易暴露真实面目于他人面前,以离开我就不行的救世主姿态出现,必然会招致周围人的反感,引起别人的讨厌。加之由此暴露了自己的弱点,必然加速自己的灭亡。要想避免上述悲剧的发生,必先隐藏起自己的锋芒而先观望一下。这即是我们这里所要说的装一下糊涂。

郑板桥是这样说的:"聪明难,糊涂难,由聪明而转入糊

郑板桥《难得糊涂》

涂更难。"在中国的现实生活中,随处可见"枪打出头鸟"的事。

明代吕新吾在其著作《呻吟语》中,把人分为三个等级。他是这样表述的:

> 深沉厚重是第一等资质,磊落豪雄是第二等资质,聪明雄辩是第三等资质。

聪明、雄辩的人只不过是第三等级人的资质,第一等级人的资质是"深沉厚重",有深度且厚重。这就提醒我们,做人不能锋芒毕露,而是要把智慧、才华适当的隐藏起来,韬光养晦,做到深沉厚重。

第十二章　交往艺术

　　人与人之间的交往是很值得讲究的一门艺术。每个人几乎每天都要同别人交往，都有各种应酬。小到日常生活，大到国与国之间的外交活动，都需要有良好的应酬辞令、交往言语。概括地说，处理社会生活中的各种复杂的人际关系的方式，就是交往艺术。

　　人与人之间的交往艺术，固然人人都需要，但对单位领导、国家领导来说，尤其显得重要，因为它不但反映领导人自己的水平和涵养，而且代表一个单位和国家的文明水平、风度气质。

礼之用，和为贵

　　"礼"——这应该是交往辞令之本，也就是人们交往的

基本要领。提到"礼",我们首先想到的是《礼记》中的一句
话,即"礼仪之始,在于正容体,齐颜色,顺辞令"。根据《礼
记》的解释,"礼"有三个基本思想:一是态度要端正;二是表
情要严肃;三是措辞要准确。"礼"不单纯是道德观念问题,
也是审美意识问题,给周围人爽朗、鲜明、美好的印象就是
"礼"。根据上述三个标准去判断一个人时,我们会感觉到,
我们每一个人都会给人以截然不同的印象。

但是,一味地强调"礼",为"礼"而"礼",会使人际关系
变得古板、拘谨。为了保持平衡,必须讲"和"。这里的"和"
是指温和或心平气和。

关于"礼"与"和",我们可以参考《论语》中的一句话,
《论语》中写道:"礼之用,和为贵。"意思是说,没有和,礼的
施用无从谈起,因为没有"和"为基础,礼也只能停留在形式
上。但是在另一方面,没有礼貌和规矩,"和"也就丧失其机
能了。礼与和是相辅相成的,谋求"礼"与"和"的统一,自然
是交往艺术的出发点。

上下融洽

如果我们把交往艺术解释为处理广泛的人际关系的一
种方法,那么,对于组织内部的人来说,这一问题就变得尤

其重要。毫无疑问,生活在一个组织内就意味着置身于纵横交错的人际关系之中。一旦处理不好各种关系,即使是天才,也会失去用武之地。为使你、我、他都能和睦地生存在这个世界上,就必须熟悉交往艺术。

那么,怎样才能掌握这一要领呢? 我们不妨举几个中国古典故事,看看古人是怎样回答这个问题的。

首先,是和上级的关系。

宋代有个名宰相叫杜衍。有一次他的一个门生被任命为某县县官,临行前,杜衍告诫说:"你的才能足以胜任县令,但是不要因此而过分地炫耀自己的才能。你的一举一动,应尽可能和普通人保持一致,否则,容易招来是非,埋下祸根。也许你得不到上司的重视,但不要因此有怨言,在思想上要有一辈子当县官的准备。"

其次,是和部下的关系。

对此,我们首先引用《老子》中的一句话,"善用人者为之下"。意思是说,善于用人的人总是保持谦虚,不炫耀自己的能力和地位,保持平易近人的作风。这才是调动群众积极性的一大秘诀。

《尚书》中说,身在要职,应体察民心;作为职员,应有忠心;与人相处,不求全责备,这对于我们处理好整个组织中的人际关系也许会有所启发。

最后,我们再举一个《三国志》中的名将陆逊对开始崭露头角的后生的忠告。他说：“在我前者，吾必奉之同升；在我下者，则扶持之。今观君气陵其上，意蔑乎下，非安德之基也。”

陆逊的名言也同样适用于现代组织中人际关系的处理。用现在的话说，就是一般职员在上司手下工作的时候，应该勤勤恳恳，任劳任怨地工作，期待着能与上司一同晋升。另外，“扶持”是指注意培养和提拔部下。

精诚所至，金石为开

《三国志》记载了许多个性丰富的人物，在众多栩栩如生的风云人物中，周瑜是我们最为喜欢的人物之一。

赤壁之战淋漓尽致地反映了周瑜非凡的聪明才智。在这场事关天下走势的激战中，他率领的三万江东士兵与刘备军联合作战，把二十万曹操大军打得落花流水。起初，面对强大的曹军，孙权的重臣们皆为曹军的气势所吓倒，主张投降。从实力对比来看，孙刘联军不是曹军的对手，在这敌众我寡的严峻形势面前，年轻的周瑜坚决主张抗战，并亲自率兵指挥作战，取得了大快人心的胜利。

周瑜是积极果断的人物，在三国众多的人物中，也许数他最飒爽。周瑜不仅是一位军事家，而且出身于地方名门

周瑜

望族,仪表堂堂,具有很深的教养,尤其擅长音乐。即使在宫廷宴会酒酣之时,他也能察觉出演奏者的错误,一经发现,他即回眸注视演奏者,所以当时有一句谣谚说:"曲有误,周郎顾。"

周瑜人品好,所以受到周围人的普遍爱戴,但是重臣程普却不以为然。程普常以长者自居,倚老卖老,到处贬低周瑜。但是周瑜始终非常谦逊地对待他,尊敬他,并没有以牙还牙。精诚所至,金石为开。周瑜的一片真诚打动了程普,一老一少愉快而亲密地进行了合作。从此以后,程普逢人就说:"和周郎合作,就像喝了甜酒一样,不知不觉地醉在其中。"谦虚而有礼貌的态度,终于赢得了对方的信任。

一个人要想在一个组织中施展才能,有所作为,就有必要好好掌握周瑜的处世哲学。

与周瑜形成鲜明对比的是关羽和张飞。

关羽和张飞也是三国时期的风云人物。英雄并不是完人，他们也有缺点和不足之处。关羽的缺点是，热爱士兵，却不把士大夫放在眼里。张飞却相反，他对上级尊敬，却粗暴无礼地对待那些身份低微的士兵。两个人的缺点虽然相反，但二者的命运却恰好相同。关羽最终因没能得到士大夫的支持而败亡，张飞则被部下杀害。关羽和张飞不懂尊重他人的缺点，导致了他们失败的结局。

言谈与人格

从广义上来讲，交往艺术是处世方式，它既包括言谈，也包括待人接物的举止态度，但是狭义的交往艺术，只指言谈。

如果我们把话说得严格一些，那么可以说，语言是人格的一种表现，用语言来判断一个人的人格也有一定的道理，所以，我们决不可轻视语言所具有的重要作用。

在社交场合，语言的作用表现得最为突出。如果在社交场合不能对答如流，不能明确地阐述自己的观点，那么，你就不是一个成熟的社会成员，更不可能是一个称职的领导。

当一个弟子问孔子，怎么才能算得上一个合格的"士"

时,孔子回答说:"行己有耻,使于四方,不辱君命,可谓士矣。"就是说,立身处世有廉耻心,奉命出使外国,不辜负国君的委托,便可算是合格的士了。这里所说的"士",并不是指一般平民,而是指领导人物或成熟的社会人。作为一个合格的"士"应具备如下条件:

一、能分辨自己言行的好坏;

二、在外交场合不辜负国家的重托。

要想取得外交上的主动,就必须精通交往艺术。当然,这一要求并不局限在外交方面,事事皆需一定的交往艺术。当你奉命去完成一项任务时,为完成任务就必须和别人进行有效的交往沟通。否则,这一任务将砸在你的手里。

画蛇添足与化险为夷

我们从《战国策》中举一个典型的例子来说明中国人是如何擅长交往艺术的。

故事发生在战国时代。当时楚国的名将昭阳击败魏军之后,乘胜前进,企图率兵攻打齐国。这一消息可急坏了齐王。如果任昭阳进攻,齐国很可能遭到重大损失,形势对齐国非常不利。为了阻止楚国的进攻,唯一办法就是去劝说昭阳退兵。当时陈轸作为齐王使臣,去见昭阳。那么,陈轸是怎么说服士气正旺的对手的呢？

陈轸拜见昭阳之后，向他祝贺战事胜利，然后问道："按照楚国法律，消灭敌军，他的官爵能升到什么地步？"昭阳说："官是上柱国（楚国最高武官），爵位是上执圭（楚国最高爵位）。"陈轸说："比这个官爵更显贵的是什么？"昭阳说："只有令尹（宰相）。"陈轸说："看来令尹够显贵的了。可是楚王不可能设置两个令尹啊，请让我为您说一个譬喻好吗？楚国有个去祭祀的人，赏给他的舍人们一杯酒，舍人们商量说：'几个人都喝不可能，一个人喝都还不够。让我们在地上画一条蛇，先画成的饮酒。'其中有个人先画好了，他拿过酒刚要喝，却又左手托着酒杯，右手画着蛇，说：'我能给它添上脚。'还未添完，另一个人的蛇画成了，他夺过酒杯说：'蛇本来没脚，有脚就不叫蛇了。'说完就喝了那杯酒。为蛇添脚的人，结果失去喝酒的资格。现在您作为楚国大臣攻打魏国，攻破魏军，兵力还没疲弱，又想进攻齐国。齐国很害怕您，您以此闻名也就够了。官爵上面，不可能有两个令尹。凡是战无不胜却不知适可而止的人，他自己也将被杀死，官爵也将归属别人。这和画蛇添足的人差不多。"

昭阳认为有理，就收兵退去了。

"画蛇添足"就出自这一历史故事。陈轸巧用"画蛇添足"的故事说服了昭阳，使齐国化险为夷。

巧言乱德

交往艺术要求有很好的口才,但是同时要提醒大家的是,当你充分施展你的口才时,要谨防掉入陷阱。实际上,中国的古典名著中经常警告人们不要过分地巧言善辩。

老子说:"多言数穷",即说的话过多,往往使自己陷入困境。又说:"大辩若讷",即真正口才好的人表面上好像嘴很笨,实际上是因为他发言持重,不露锋芒。老子还说:"信言不美,美言不信",即真实的言辞不华美,华美的言辞不真实。"多言数穷""大辩若讷""信言不美,美言不信"都尖锐地指出花言巧语的危害性。

《论语》也指出,"巧言乱德",即花言巧语,往往败坏道德。"辞达而已矣",说言辞能明白表达意见就行了。"巧言令色,鲜矣仁",意思是说,逢人花言巧语,装出一副和善面孔的人,没有几个是仁者。

以上所举的例子,都告诫人们不要花言巧语,以免适得其反,弄巧成拙。在现实生活中,巧言善辩的害处大致有三点:

一、给人以轻浮的印象;

二、给人以不诚实感;

三、失言的机会多。

这些都构成了一个巧言善辩的人失去别人信赖的主要原因。巧言善辩，尤其会破坏一个领导在群众心目中的形象。

第十三章　自助者天助

成大业者,离不开自己的奋斗拼搏,但也要靠运气和机遇。古往今来,怀才不遇者何其多,让人感叹。

运气、机遇,也可以说是"命运"。凡有知有识者以及杰出的领导人物,能豁达坦然地对待这种"命运",与此同时,他们又能审时度势,高超地创造和驾驭有利于自己的"命运"。对人的一生来说,好运是极少的,是不常在的;常在的是令人不快或无所谓好坏的"命运"。然而,如果能超然自若,不怨天尤人,始终乐观大度,积极努力地创造机会,那么,好运自然就会常来常在了。

谋事在人,成事在天

有人不承认运气,认为凡事都有一定的规律;也有人过于固执,根本不相信运气的存在。但这类人为数不多,绝大多数人还是相信运气的。尤其是那些大难不死或转败为胜的人,特别相信运气。有人问日本松下电子的创始人松下幸之助:"您成功的秘诀是什么?"他常常回答说:"我只不过运气好罢了。"

松下先生相信运气究竟到了何种程度,我们不得而知,从下面这句话中不难看出他是相信运气的。他认为:"是否走运,无法预知,只能听天由命,但这并非事业的全部。人无论多么倒霉,只要顽强地坚持下去,说不定会时来运转。"

运气的确存在,但如果一味守株待兔,就未免太可笑了。常言道:"谋事在人,成事在天。"换言之,既要等待运气,又要顽强奋斗,这才是明智的。松下先生曾拿搓麻将证实自己的观点。搓麻将大部分靠运气,但也有窍门,首先,无论面对多么要好的朋友,若预感运气不好,就不要勉强。其次应相信,尽管多次倒霉,但总会交一两次好运,故应顽强地坚持下去,这是非常重要的。人生也是如此。

人有时倒霉,有时走运,这是事实。但要想事业成功,则需要具备许多的条件,而不能仅仅靠好运。为了走运而努力奋斗,这才是最重要的。这也是处理走运与倒霉的正确方法。

生死有命

运气的确存在,许多人对此深有体会,但却并不知其有何规律。人必须承认世上有不以人的意志为转移的事,这在中国古代被称为"天命",也有人称之为"天"或"命",意思是指"神"的力量,人常受"神"的指使。

一般来说,人们很少感觉到"天命"或"命",但当陷入困境或面临死亡时,却往往迷信天命的存在,并虔诚地希望得到它的帮助。

《论语》中有这样一段故事,孔子去探望濒临死亡的得意弟子伯牛时,从窗户外拉着他的手说:"亡之,命矣夫! 斯人也而有斯疾也! 斯人也而有斯疾也!"《论语》中又有一句名言:"生死有命,富贵在天。"就是说生死、富贵全靠"命"或"天"的意志。

在《论语》中,孔子多次提到过天命。例如:"五十而知天命""不知命,无以为君子"等。孔子把知天命看作是君子的重要条件。

孔子所说的"知天命"包括以下两个方面的内容:

(1)使命感,这是积极的方面;(2)宿命论,这是消极的方面。谈到天命,主要侧重于消极方面,认为天命可以主宰一切,看低了人自身的能力。

　　那么,天命与努力有什么关系呢? 是否经过努力就能改变命运呢? 中国人认为是不太可能的。中国有句谚语,叫做"大富由命,小富靠勤"。这里"勤"指努力的意思,通过努力也有许多人发了小财,但要发大财,就必须借助于天命,仅靠人本身的能力是无法做到的。

　　现代人认为,经过自己的努力,机遇(也可以说是运气)就会来临。但古代的中国人则认为天命很难改变,这真是大错特错了。

天命可信,不可全信

　　"天命"或"命"是超越人的智慧之上,不以人的意志为转移的,那么相信天命,有哪些好处,又有哪些坏处呢?

　　首先谈谈好处。

　　第一,相信"天命"或"命",就会比较客观地评价自己的能力,知道这一点,自然会变得谦虚些。

　　孔子说:

　　　　君子有三畏:畏天命,畏大人,畏圣人之言。小人
　　　不知天命而不畏也,狎大人,侮圣人之言。

"知天命"是君子与小人的分水岭,这一点与谦虚有着密切

的联系。明朝哲学家、教育家王阳明认为:人生大病只在一个"傲"字。戒骄是知天命的最大优点。

第二,不被小事左右自己的情绪。《易经》上说:乐天,知命,故不忧。"不忧"是身陷逆境时应持的态度。身陷逆境时,有人急得团团转,这样往往会把事情弄得更糟,从而越陷越深,不能自拔。

有一个弟子问孔子说:"君子亦有穷乎?"孔子回答说:"君子固穷,小人穷斯滥矣。"君子身陷逆境时也不会像小人那样手忙脚乱,这也是知天命的好处。

"知天命"有以上好处,但也有坏处。即把所有的事都归结为天命,为自己开脱责任。做某事失败了,但却不承认错误,将责任推诿于他人,此时"天命"就成了挡箭牌。同时,"知天命"也容易使人放弃努力。

命乃在天与天亡我也

下面,再以刘邦和项羽的例子来进一步分析一下"知天命"的好处。

前面我们多次提到过刘邦,他不过一介平民,却能夺得天下,当然有许多超乎常人的优点。

比如他能看淡生死。刘邦重病,吕后遍求天下名医。

医生说:"病可治。"刘邦生气地说:"吾以布衣提三尺剑取天下,此非天命乎?命乃在天,虽扁鹊何益!"

刘邦临死时,心情极为平静。吕后曾就继承人问题问刘邦:"陛下百岁后,萧相国即死,令谁代之?""曹参可。"问其次,答:"王陵可。然陵少憨,陈平可以助之。陈平智有余,然难以独任。周勃重厚少文,然安刘氏者必勃也,可令为太尉。"而后又说:"此后亦非而所知也。"

刘邦临死时拒绝治疗,也不惊慌。原因在于他"知天命";此外,认为该做的事情都做了,已死而无憾了。

临死而知天命的不只是刘邦,项羽也相信天命,只是在这方面,两者稍有不同。

项羽

秦朝末年,天下大乱,群雄四起,项羽力挫群雄,成为最有势力的霸王。但因各种原因,他最终却陷入四面楚歌的境地。突出重围后,他逃至乌江,江边有人给了他一条船,劝他南逃，然而他仰天长叹曰："天亡我也，非战之罪。"自刎于江边。由此可见，项羽把失败的原因归结为"天"。这里的"天"近似"天命"或"命"。历史学家司马迁对项羽曾做过高度的评价："位虽不终，近古以来未尝有也。"但对项羽把失败的原因归结为天意也做过批评：

> 自矜功伐，奋其私智而不师古，谓霸王之业，欲以力征经营天下，五年卒亡其国，身死东城，尚不觉寤而不自责，过矣！乃引"天亡我，非用兵之罪也"，岂不谬哉！

不重视后勤供给，用人不当，这是项羽失败的主要原因。项羽不从自身找原因，却说天不遂人愿，把失败的原因归结为天意，是不可取的。

谋事在人，成事在天，这才是正确的看法。

塞翁失马

最后，再谈一谈如何才能走运的问题。

由于生活经历不同，人们的体会往往不一致，因此，看法自然也不一致。下面讲一个故事——"塞翁失马"，这个故事非常有借鉴意义，故在中国广为流传。

古时候，在中国北部边境地带，居一老翁。某日，其马跑了,不知去向。一般人也许会非常着急,然而这个老翁却非常平静地说:"谁能预料这不是一件好事呢?"

不久,果然不出所料,跑掉的马又回来了,而且还带回了一匹母马。如此不劳而获,常人肯定会高兴异常,但老翁却不无忧虑地说:"哎,不知何时会带来不幸呢。"

几年后,这匹母马生了许多小马,老翁家良马成群。然而,有一天,老翁的儿子不幸从马上摔下来,跌断了腿。旁人来慰问,老翁却又出人意料地说:"这也许是件好事。"

不久,北方少数民族来袭,村里的年轻人几乎都被抓去当兵了,结果,大多死在战场上。而老翁的儿子,则因跌断了腿,没被抓走,因祸得福。

这个故事出自《淮南子·人间训》,说明幸与不幸,走运与倒霉是交替出现的,带有朴素的辩证思想。

人生也是如此。如果你现在正是走运的时候,无论干什么事都十分顺利,那么,需要告诫自己的是:越是在顺利的时候,越应该谨慎,更加慎重地处理所遇到的事。

反之,如果你现在干什么都不顺利,都很倒霉,那么,此时倒应该更加充满信心,耐心等待良机,相信好运即将到来;不然的话,老是泄气,来临的好运也会白白地错过,这该多可惜呀。